봄·여름·가을·겨울
주일입니다

전해석 지음
주일입니다

인쇄 2025년 11월 1일
발행 2025년 11월 7일

지은이 전해석
발행인 서정환
펴낸곳 신아출판사
주소 전북 전주시 완산구 공북1길 16(태평동)
전화 (063) 275-4000
팩스 (063) 274-3131
이메일 sina321@hanmail.net
출판등록 제465-1984-000004호
인쇄·제본 신아문예사

저작권자 ⓒ 2025, 전해석
이 책의 저작권은 저자에게 있습니다. 서면에 의한 저자의 허락없이 내용의 일부를 인용하거나 발췌하는 것을 금합니다.
COPYRIGHT ⓒ 2025, by Jeon Haeseok
All right reserved including the rights of reproduction in whole or in part in any form.
저자와 협의, 인지는 생략합니다.
잘못된 책은 바꿔 드립니다.

ISBN 979-11-24068-10-6 03230
값 16,000원

Printed in KOREA

봄·여름·가을·겨울
주일입니다

전해석 지음

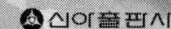

머리말

2020년, 전 세계적으로 유행했던 코로나 시기에 제 인생에서 처음으로 겪는 복잡한 마음과 슬픔, 그리고 아쉬움이 있었습니다.

특히 그 기간 동안 신앙적으로 찾아온 나태함과 무력감, 좌절감을 극복하기 위해 방황하던 중, 매주일마다 제 믿음을 담아 고민과 묵상, 마음을 기록한 글을 쓰게 되었고, 그것을 믿음의 동역자들에게 카톡을 통해 나누기 시작했습니다.

생각지도 못했던 방법으로 시간이 흘러, 그 글들을 모아 부족하지만 첫 번째 책을 출판하게 되었습니다. 그리고 어느덧 시간이 지나 이번에는 다시 주일마다 나누었던 글들을 모아 두 번째 책을 내게 되었습니다.

돌이켜보면 모든 것이 변함없는 하나님의 은혜이며, 축복이며, 인도하심임을 고백하지 않을 수 없습니다.

이번 두 번째 책 또한, 믿음의 휴식과 충전, 위로와 도전이 되는 시간이 되기를 간절히 소망합니다.

비록 미력한 글이지만, 신앙생활의 다양한 상황과 환경 속에서 시나 수필, 혹은 에세이처럼 가볍게 읽으시면서 마음의 충전이 되기를 바랍니다.

또한 제 글을 통해 잊고 지냈던 믿음, 회복하고 싶었던 믿음, 다시 붙잡고 싶은 믿음을 떠올리고 붙잡는 계기가 된다면 그것만으로도 참으로 행복할 것입니다.

물론 당연한 말이지만, 이 책이 무엇보다 하나님께 영광을 돌리는 도구가 되기를 간절히 원합니다.

제가 책에서 다루고 있는 내용은 누구를 향한 지적이나 책망, 가르침이 아닙니다. 오히려 저 자신을 향한 고백이자 도전이고, 반성이며 충고입니다.

특별히 이 책이 나오기까지 물심양면으로 함께 수고해 준 사랑하는 믿음의 친구 이성운 목사와 그 가정에게 깊은 감사를 드립니다. 또한 변함없이 저를 위해 함께해 준 아내와 두 딸에게도 진심으로 감사하게 됩니다.

늘 변함없는 기도로 저를 키워 주시고, 지금도 믿음으로 아름다운 복음의 길을 걸어가시는 사랑하고 존경하는 어머니께 이 책을 드립니다.

일본에서 함께 신앙생활하는 교인들과, 한국에서 변함없이 지지해 주고 응원해 주는 선교의 동역자들께도 깊은 감사를 드립니다.

모든 영광을 오직 하나님께만 돌립니다. 주님, 영광 받으시옵소서! 아멘.

2025년 10월 가을 들판을 마주하며
전해석

추천사

하나님의 부르심에 순종하여 오랜 세월 사역의 길을 걸어온 전해석 선교사의 이번 책 출간을 진심으로 축하합니다.

그는 일본에서 8년간 사역한 뒤 호주 아들레이드로 옮겨 16년 동안 일본인 교회를 섬겼고, 현재는 다시 일본 나고야에서 일본 교회를 섬기고 있습니다. 그 과정에서 매주 한 편씩 써 내려간 말씀 묵상과 신앙적 고민의 글들이 이제 한 권의 책으로 묶여 세상에 나오게 된 것은 큰 은혜이자 축복이라 생각합니다.

저는 그의 글을 가까이에서 읽어오며 매번 깊은 감동과 도전을 받아왔습니다. 그 글들은 단순한 기록이 아니었습니다. 믿음 안에서 부딪히는 질문과 일상의 고민들을 솔직히 나누며, 하나님을 향한 진실한 고백과 성찰이 담긴 살아 있는 이야기들이었습니다. 그래서 읽을 때마다 위로를 얻고, 때로는 새로운 결단으로 이끌림을 받곤 했습니다.

무엇보다 전해석 선교사는 만나는 이들에게 편안함을 주고 적극적으로 섬기는 모습으로 복음을 전하며 귀한 열매를 맺어왔습니다. 늘 철저히 준비하며 작은 일에도 최선을 다하는 태도로 사역에 임했습니다.

신대원 시절부터 지금까지 함께 기도하고 마음을 나누어 온 친구로서, 그의 삶과 사역이 이 책의 곳곳에 깊이 배어 있음을 확신합니다.

　이 책은 목회자들에게는 목양의 길에서 묵상과 통찰을 더하는 귀한 자료가 될 것이며, 평신도 독자들에게는 복잡한 사회 속에서 믿음으로 살아가는 지혜와 위로가 될 것입니다. 무엇보다 각 글마다 담긴 따뜻한 시선과 깊은 성찰은 하나님을 더 가까이 만나도록 이끌어 주는 은혜의 통로가 될 것입니다.

　이번 출간을 통해 전해석 선교사의 글이 더 많은 이들에게 전해져, 지치고 힘든 시대를 살아가는 성도들에게 큰 격려와 위로가 되기를 소망합니다. 한 편 한 편의 글이 주님의 은혜를 사모하는 이들의 마음에 씨앗처럼 뿌려져, 삶 속에서 아름다운 열매를 맺게 되기를 기도합니다.

2025년 10월을 시작하며
친구 이성운 목사 드림

차례

머리말 *004*

추천사 *006*

CHAPTER *1*

봄:
막장인생의 고백

봄 - 막장인생의 고백 〈마태복음〉	*014*
신앙의 본질(本質) - 앙망(仰望)	*025*
부흥이란 무엇인가?	*030*
상상(想像)이 상식(常識)이 되는 기적을 누리는 사람들!	*035*
상식(常識)을 넘어선 상식(靈的常識)을 살아가는 사람들(信仰)!	*040*
신분(身分)에 맞게 삽시다!	*045*
신앙박명(信仰薄命)을 꿈꾸며!"	*049*
신앙의 본질(本質) - 예의(禮儀)	*053*
신앙의 본질(本質) - 의리(義理)	*058*
들리는가! 들린다면 응답하라	*063*
들렸다면 인정하면 됩니다	*067*
마음 상자 비밀번호 전문가!	*072*

CHAPTER 2

여름:
도망자의 고백

여름 - 도망자의 고백 〈마가복음〉	078
예수님의 마음 따라잡기!	090
우리나라 대한민국! : 하나님 나라!	095
우리는 무엇을 남길 것인가?	099
우리는 하나님 나라의 원석(原石) 다이아몬드 입니다!	103
우리도 이어가야 할 당연하고 평범한 신앙생활!	108
우산 챙기는 것 잊지 마세요!	113
응답 받는 영웅들의 전통!	117
인생 제대로 한 번 살아보기!	123
인생의 성공적인 비행을 위한 영적 계기판	128
일을 안 하면 아플 것 같아요!	133
일확천금 당첨번호 공개!	138
저자직강	143

차례

CHAPTER 3

가을:
목격자의 고백

가을 - 목격자의 고백 〈누가복음〉	*148*
Best one!이 아닌 Only one!이 되라	*158*
Shallom! · Maranatha! · Amen!	*163*
거울은 스스로 웃지 않는다	*167*
만족을 넘어 감동을 지나 기적이 되는 기도응답!	*170*
믿음 때문에 행복하십니까?	*174*
믿음 향상상!	*180*
믿음은 진정한 나의 가치를 발견하는 통로입니다	*184*
믿음은 하나님을 두려워하는 것!	*189*
믿음의 전통: 시야와 시선	*193*
죽음은 생명입니다	*198*
지금이 가장 좋은 시간입니다!	*201*
하나님의 부르심 앞에 떨고 있지는 않습니까?	*207*

CHAPTER 4

겨울:
기회주의자의 고백

겨울 - 기회주의자의 고백 〈요한복음〉	214
경적을 멈추면 찬양이 됩니다!	224
금수저 인생 입니까? 흙수저 인생 입니까?	228
까마귀를 만나 보셨나요?	234
꽃씨를 심는 사람들	239
나는 무엇으로 살아가는가?	244
나는 크리스챤 입니다!	250
나에게 있어 가장 위대했던 왕자이야기!	255
나에게는 꿈이 있습니다!	261
눈을 감을 때 길이 보이는 사람!	265
늘 먼저 다가오는 마음 한마디!	271
당신의 손에는 무엇이 쥐어져 있습니까?	275
동화(童話)속의 주인공입니까?	279
신앙의 본질(本質) - 확신(確信)	284

CHAPTER 1

봄 :
막장인생의 고백

봄 – 막장인생의 고백 〈마태복음〉

　마태복음을 남긴 마태의 절망적인 인생 가운데 다가오셔서 건네어 주신 하나님의 봄과 같은 격려와 위로를 확인해 봅니다.
　지금도 동일하게 우리들에게도 다가오셔서 부어 주시는 하나님의 손길을 기대하며 누리는 모두가 되시기를 축복을 드립니다.
　마태를 소개하면서 그를 이해하기 위하여 빠질 수 없는 중요한 부분이 있는데 그것은 마태가 예수 그리스도를 만나기 전까지 하고 있었던 직업에 대한 부분입니다.
　그는 예수 그리스도를 만나 제자가 되기 직전까지 세리라는 일을 하고 있었습니다.
　당시의 세리라는 직업은 이스라엘 사람들에게 있어서 죄인, 몸을 파는 여자, 사마리아인, 이방인들 같은 가장 더럽고 추한 계층의 사람들과 같은 취급을 받고 있었던 부류의 사람들이기도 하였습니다.

이 가운데에도 특별히 유대인들이 가장 싫어하고 배척하고 무시를 했던 직업이 세리이기도 하였습니다.

당시 세리에는 두 종류의 일을 하는 세리가 있었습니다.

첫째는 수입세와 일반세를 거두어 들이는 세리가 있었습니다.

둘째는 수입과 수출에 관련된 모든 물품에 대한 관세를 정하는 세리가 있었습니다.

예수님 당시에 세금을 가장 많이 받는 큰 도시가 두 곳 있었습니다.

한 곳은 예루살렘 근처에 있던 여리고 지역 이었습니다.

그리고 또 한 지역은 베드로의 고향이기도 하고 많은 예수님의 제자들이 살았던 가버나움 지역 이었습니다.

마태는 갈릴리 호수 주변에서 가장 큰 마을 이였던 가버나움이라는 곳에서 세리관을 하고 있었던 유대인 이었습니다.

마태는 세리로서 당시 이스라엘을 지배하고 있었던 로마에 세금을 거두어 바치는 일을 열심히 하고 있었습니다.

이스라엘 국민의 한 사람 이였지만 기회를 잡아 당시의 지배를 하고 있었던 로마에 뇌물을 주고 세리관의 자리를 획득하게 되었습니다.

같은 이스라엘 사람으로서 이스라엘 민족의 피와 땀이 묻은 돈을 갈취하여 세금 징수를 시킨다는 것이 마음에 걸렸지만 마태에게 있어서 자신과 가족의 생활을 위한 어쩔 수 없는 선택이기도 하였을 것입니다.

또한 당시에 많은 이스라엘 사람들이 수단과 방법을 가리지 않고 세리가 되기를 원하는 사람들이 많았기에 마태는 엄청난 노력을 통하여 세리라는 자리를 얻게 되었을 것입니다.

그러나 예수님 당시에 이스라엘 사람들은 세리들을 마치 개나 돼지처럼 취급하였습니다.

멸시하고 무시하는 경멸의 대상이기도 하였습니다.

같은 민족으로서 가장 더럽고 추하고 가증한 놈이라고 말하기도 하였습니다.

왜냐하면 같은 민족에게 세금을 무겁게 징수하여 로마에 충성하며 나라를 팔아먹는 매국노 같은 인생을 살았기 때문입니다.

한국의 상황에 맞추어 이야기를 한다면 매국노였던 이완용과 같은 인생이기도 하였습니다.

그러나 마태는 그것을 개의치 않았습니다.

세리라는 직위를 통해 얻는 돈과 명예와 쾌락과 풍족한 생활이 보장되어 있기 때문이었습니다.

이러한 마태가 평소와 다름없이 일을 보고 있는 곳에 예수님께서 직접 그를 찾아와 주셨습니다.

"예수께서 거기서 떠나 지나가시다가 마태라 하는 사람이 세관에 앉은 것을 보시고 이르시되 나를 좇으라 하시니 일어나 좇으니

라."(마 9:9)

마태를 찾아오신 예수님이 단 한 마디를 하셨습니다. "나를 좇으라!"
마태가 이 한 마디를 듣고 즉시 행동에 옮깁니다. "예! 따르겠습니다"
여러분들은 이 단순한 내용이 정말 이해가 되십니까?
이렇게 간단한 것이 헌신이며, 사명이라고 생각하십니까?
아마 이 장면이 당연하고 언제라도 일어날 수 있는 것이라고 생각을 한다면 이 세상은 헌신자와 목사와 선교사로 넘쳐 났을 것입니다.
왜냐하면, 이러한 부르심의 내용이 성경에 차고 넘치기 때문입니다.
그렇다면, 왜? 마태는 예수님의 이 한마디를 듣고 모든 것을 포기하고 예수님을 따를 수 있었을까요?
그것은 알고 보면 너무나 간단한 이유였습니다.
마태는 그 누구보다도 자신이 심각한 죄인이라는 것을 알고 인정하였던 사람이였기 때문입니다.
현재의 자신의 삶이 얼마나 심각한 상황에 있는지를 알고 벗어나고 싶은 마음이 있기 때문입니다.
〈이것이 복음의 핵심입니다. 하나님이 가장 찾으시는 사람의 자세입니다.〉
마태의 반응을 보면서 예수님을 따르고 있었던 주변 사람들은 예수님께서 마태를 제자로 부르신 사실이 믿기지 않았습니다. 믿고 싶지 않았습니다.

마9:10-11절에 주변 사람들의 반응이 이렇게 적혀 있습니다.

예수께서 마태의 집에서 앉아 음식을 잡수실 때에 많은 세리와 죄인들이 와서 예수와 그 제자들과 함께 앉았더니 바리새인들이 보고 그 제자들에게 이르되 어찌하여 너희 선생은 세리와 죄인들과 함께 식사를 하고 계십니까?

예수님의 부르심을 받은 마태 또한 예수님께서 자신을 제자로 부르시는 순간 적어도 2가지의 생각을 하였을 것입니다.

"내가 누구이고 어떤 인생을 살았던 사람인지 다 알고 계실텐데!"

"내가 얼마나 막장인생을 살고 있는지 다 알고 계실텐데"

마태는 눈에 보이는 세상의 사람들이 부러워하고 갈망하는 부유와 풍족과 쾌락을 누리고 있었지만 매일 죄책감과 좌절감으로 이어지는 생활을 하고 있었다는 것을 예수님과의 만남을 통하여 우리는 발견하게 됩니다.

마태는 로마의 꼭두가시로 살아가고 있는 자신이 너무도 한심하고 싫기도 하였을 것입니다.

그러나 현실의 상황 앞에서 스스로 지금의 위치와 자리를 포기하지 못하고 살아가는 자신을 미워하면서도 어쩔 수 없이 타협하며 살아가고 있었습니다.

어쩔 수 없이 스스로를 정당화하면서 살아가고 있었을 것입니다.

한 마디로 가장 부끄럽고 초라한 막장인생을 살고 있었습니다.

현재의 생활에서 벗어나고 싶지만 스스로 벗어 날 수 없는 어둠과 같은 생활을 이어가고 있는 마태를 향하여 예수 그리스도께서 직접 그의 곁에 다가가 주셨습니다.

예수님께서는 스스로를 자격이 없고, 그냥 지금처럼 막장인생을 살면서 포기하고 있는 마태를 향하여 찾아가 주셔서 말씀하여 주셨습니다.

> "예수께서 들으시고 이르시되 건강한 자에게는 의원이 쓸데없고 병든 자에게라야 쓸데있느니라 너희는 가서 내가 긍휼을 원하고 제사를 원치 아니하노라 하신 뜻이 무엇인지 배우라 내가 의인을 부르러 온 것이 아니요 죄인을 부르러 왔노라 하시니라."(마 9:12-13)

이 만남의 부분에서 우리들이 다시 한 번 기억하여야 할 중요한 부분이 있습니다.

그것은 마태가 예수 그리스도를 갈급 하며 찾아갔던 것이 아니라는 것입니다.

예수 그리스도와 마태와의 만남은 철저하게 예수님의 다가가심으로 시작된 은혜였다는 사실입니다.

예수님은 인생의 문제 앞에 믿음으로 해결하고 싶은 갈급 하는 모든 영혼을 향하여 다가와 주시는 분 이십니다.

마태를 통하여 발견하게 되는 믿음이란 스스로 무엇인가를 해결하거나 결정하거나 결단하는 것이 아니라는 것을 발견하게 됩니다.

오히려 아무것도 자신 스스로 해결할 수 없음을 인정하는 자세입니다. 부끄럽지만 도움을 요청하는 것입니다. 손을 내밀어 보는 것입니다. 유일한 도움이 예수 그리스도에게 있다는 사실을 믿는 것입니다.

예수님 당시 가장 더럽고 추하고 비굴하고 자기 중심적인 삶을 살았던 세리 마태를 향하여 예수님은 손을 내밀어 주셨습니다. 그리고 제자로 그를 불러 인도하여 주셨습니다.

마태는 예수님의 부르심을 받은 이후로 삼 년 동안 예수님의 제자로서의 행복한 생활을 누리게 되었습니다.

아마도 다른 제자들이 마태를 향해 가지고 있던 선입견으로 인하여 마태 자신은 많이 힘들었을지도 모릅니다.

마태는 삼 년 동안 예수님의 말씀과 사역과 치유와 기적과 생활을 함께 경험하였을 것입니다.

그런데 말입니다. 마태는 가장 중요한 순간에 예수님을 배신하고 도망을 치게 됩니다.

예수님께서 골고다 언덕에서 십자가에 못 박혀 죽으시기 위하여 잡히시던 밤에 겟세마네 동산에서 다른 제자들과 함께 마태도 도망을 치게 됩니다.

사람들이 예수님을 죽이라고 외치는 소리를 들으며 더욱 두려움을 느끼게 되었을 것입니다.

예수님께서 십자가에 못 박히시고 죽으시는 것을 먼 발치에서 바라보고는 있었지만 혹시 자신도 예수님과 같은 자리에 서게 될지도 모른다는 두려움과 떨림으로 도저히 다가가지도 못하고 숨어있는 자신을 발견하게 되었을 것입니다.

제자들 가운데 적어도 한 명만 절대로 예수님을 배신하지 않아야 할 사람을 굳이 선택하라면 저는 마태이여야 한다고 생각합니다.

마태는 다른 제자들이 가장 싫어했던 세리라는 직업을 가지고 있었던 사람 이었습니다.

마태를 대부분의 제자들은 알고 있었을 것입니다. 과거가 가장 지저분한 사람 이었습니다.

대부분의 제자들은 마태와 같은 동네에 살고 있었기 때문에 소문과 정보를 통하여 마태에 대하여 누구보다도 잘 알고 있었을 것입니다.

이러한 마태를 예수님께서 제자로 지명하여 주셨습니다.

그런데, 마지막 순간에 마태가 예수님을 배신하고 도망을 치게 됩니다.

그럼에도 불구하고 예수님께서는 부활하신 이후에 다시 제자들이 모인 곳에서 마태를 같이 불러 주시고 손을 잡아 주셨습니다.

막장인생을 다시 살아가게 될 지도 모르는 마태를 찾아가셔서 다시 손을 잡아 주셨습니다.

처음 마태를 불러 주셨던 가버나움의 추억처럼 동일한 사랑과 긍휼의 마음으로 다시 손을 내밀어 주셨습니다.

부활하신 예수 그리스도를 만난 이후에 생겨난 초대교회 상황을 다음과 같이 설명하고 있습니다.

"제자들이 감람원이라 하는 산으로부터 예루살렘에 돌아오니 이 산은 예루살렘에서 가까워 안식일에 가기 알맞은 길이라 들어가 저희 유하는 다락에 올라가니 베드로,요한,야고보,안드레와 빌립, 도마와 바돌로매,마태와 및 알패오의 아들 야고보,셀롯인 시몬, 야고보의 두 아들 유다가 다 거기 있어 여자들과 예수의 모친 마리아와 예수의 아우들로 더불어 마음을 같이하여 전혀 기도에 힘쓰니라."(행 1:12-14)

초대교회로 모이는 이곳에 마태도 같이 하고 있었습니다.

예수 그리스도의 은혜는 "막장인생"으로 돌아가 버릴 마태를 "명장인생"으로 살아가도록 다시 한 번 일으켜 주셨습니다.

이러한 마태가 성령의 인도하심과 은혜와 감동으로 말미암아 다음세대를 향하여 남긴 복음서가 있습니다. 그것이 "마태복음"입니다.

마태는 마태복음을 적으면서 눈물을 흘리며 셀 수 없이 고백하였을 것입니다.

"오직 모든 것이 하나님의 기적이요 은혜요 축복입니다." 라는 고백을 하였을 것입니다.

마태복음을 통하여 우리에게 던져주는 마태의 고백과 도전이 담기어져 있음을 기억하시기를 바랍니다.

그것은 다른 것이 아닙니다.

마태는 마태복음을 통하여 모든 사람들이 동일하게 함께 자신이 누렸던 예수님의 축복과 사랑과 용서와 소망을 누리기를 소망하는 마음이 담기어 있다는 것입니다.

마태는 자신을 불러 주신 예수님을 회상하며 우리들을 향하여도 동일한 마음으로 주시는 예수 그리스도의 마음을 소개하고 있습니다.

마태는 자신의 인생을 설명해주는 예수님의 비유를 소개하면서 자신에게 있어서 소중하다고 생각하였던 모든 것을 포기함으로 가지게 되었던 진정한 복음과 희망과 믿음이 얼마나 귀한 것인지에 대하여 소개하고 있습니다.

> "천국은 마치 밭에 감추인 보화와 같으니 사람이 이를 발견한 후 숨겨두고 기뻐하여 돌아가서 자기의 소유를 다 팔아 그 밭을 샀느니라 또 천국은 마치 좋은 진주를 구하는 장사와 같으니 극히 값진 진주 하나를 만나매 가서 자기의 소유를 다 팔아 그 진주를 샀느니라."(마 13:44-46)

마태는 마태복음을 통하여 이 시대를 사는 우리들 에게도 동일하게 전해주는 음성이 있습니다.

제가 만난 예수님을 여러분들도 반드시 만나 보시기를 바랍니다.

제가 만난 예수님을 여러분들도 경험하시기를 바랍니다.

제가 만난 예수님을 여러분들도 품고 사시기를 바랍니다.

오직 예수 그리스도를 통해서만 참된 만족과 진정한 문제 해결과 해답이 있습니다.

오직 예수 그리스도를 통해서만 참된 평안과 행복과 소망과 생명이 있습니다.

마태는 마태복음을 통해 오늘을 사는 우리들에게도 이렇게 이야기하고 있습니다.

"막장인생을 살았던 제가 진정한 인생의 의미와 가치와 소망을 품고 살아갈 수 있었던 것은 오직 예수 그리스도를 통한 은혜였습니다. 여러분들과 함께 나누고 픈 저의 간증입니다!"

마태복음은 우리에게 지금도 묻고 있습니다.

여러분은 예수 그리스도 앞에서 의인입니까? 죄인입니까?

신앙의 본질(本質) – 앙망(仰望)

깊은 협곡에 사는 독수리들은 하늘을 날기 위하여 기다리는 것이 있습니다.

그것은 반드시 생성되어 불어오는 상승기류를 안고 오는 바람입니다.

때가 되어 기다리던 그 바람이 불어오는 그때에 바람에 몸을 맡기고 날개를 쫙 펴서 힘을 들이지 않고 자유롭게 하늘을 향하여 비상하게 됩니다.

독수리는 언제나 반드시 불어오는 그 바람을 기다립니다.

그 바람을 통해 가장 강력하게 힘있게 화려하게 자유자재로 하늘을 누비게 됩니다.

새해를 맞이하면서 새로운 시작을 향하여 날아올라야 할 우리들의 인생을 향하여도 동일하게 주시는 하나님의 준비하심이 우리를 기다리고 있습니다.

새로운 출발을 향한 하나님의 선물이 있습니다. 새로운 출발을 향한 하나님의 마음이 있습니다.

새로운 출발을 향한 하나님의 기대가 있습니다. 새로운 출발을 향한 하나님의 바람이 있습니다.

"여호와를 앙망하라!"

> "오직 여호와를 앙망하는 자는 새 힘을 얻으리니 독수리가 날개치며 올라감 같을 것이요.
> 달음박질하여도 곤비하지 아니하겠고 걸어가도 피곤하지 아니하리로다."(사 40:31)

새해를 맞이하는 우리들을 향하여도 변함없이 준비하여 주시는 하나님의 바람입니다.

독수리는 절대로 스스로 날개를 펴서 하늘을 날지 않습니다. 스스로의 힘으로 날개 짓을 하거나 창공을 향하여 날아올라가게 되면 맞이하게 될 초라한 결과를 알기 때문입니다.

독수리는 늘 앙망합니다. 반드시 불어올 바람을 기다립니다. 기대합니다.

반드시 불어오는 바람을 앙망함으로 그 바람에 의지하여 피곤하거나 지치지 않고 자유자재로 하늘을 지배하게 됩니다.

독수리가 기다리던 바람을 통해 드넓은 하늘을 날아서 오름 같이 새해를 맞이하는 우리들에게 영혼을 향하여 주시는 성령의 바람을 앙망하라고 말씀하여 주십니다.

새해를 새롭게 시작하는 우리들을 향하여 하나님이 가장 기대하시는 믿음은 다른 것이 아닙니다.

매일마다 순간 순간마다 보내주시는 하나님의 인도하심을 늘 앙망하는 것입니다.

하나님의 인도하심을 통하여 지치지도 낙망을 하지도 피곤하지도 않고 힘있게 그 길을 걸어가게 하시려는 하나님을 만나는 것입니다. 경험하는 것입니다.

믿음(信仰)은 앙망(仰望)입니다 !

세상은 점점 더 비관적으로 미래를 맞이하고 있습니다.

새로운 새해를 두려움과 공포와 불안으로 맞이하고 있습니다.

이러한 세상을 향해 믿음을 통해 품게 되는 믿음으로 사는 우리들 만이 맞이할 탁월한 확신이 있습니다. 특별한 경험이 있습니다.

우리에게 주어지는 새해는 하나님의 동행바람이 불어오는 시간이기 때문입니다.

우리에게 주어지는 새해는 하나님의 보호바람이 불어오는 시간이기 때문입니다.

우리에게 주어지는 새해는 하나님의 도움바람이 불어오는 시간이기 때문입니다.

우리에게 주어지는 새해는 하나님의 인도바람이 불어오는 시간이기 때문입니다.

새해는 우리의 야망을 위한 시간이 절대 아닙니다.

새해는 우리의 희망을 위한 시간이 절대 아닙니다.

새해는 우리의 소망을 위한 시간이 절대 아닙니다.

새해는 다시 한 번 하나님이 준비하여 보내주시는 도우시고 인도하시고 이끄시는 바람을 앙망하는 시간입니다.

새해를 맞이하는 우리들에게 필요한 마음은 오직 한가지입니다.

새해를 믿음으로 살아가는 우리들에게 기대하시는 마음은 오직 한가지입니다.

새해를 계획하는 우리들에게 요구하시는 마음은 오직 한가지입니다.

"여호와를 앙망하라!" 《하나님을 기대하라! 기다리라! 맞이하라!》

새해입니다! 새로운 시작입니다.

코로나와 전쟁과 기후변화와 경제침체와 다양한 사회문제로 인하여 세상 사람들은 더욱 더 소리를 높여 외칩니다.

세상 사람들은 절망을 말합니다. 세상 사람들은 허망을 말합니다. 세상 사람들은 멸망을 말합니다. 세상 사람들은 실망을 말합니다. 세상 사람들은 도망을 말합니다. 세상 사람들은 폭망을 말합니다. 세상 사람들은 관망을 말합니다.

그러나 우리에게 주시는 새해와 시작되는 새로운 시간들은 하나님이 우리에게 주시는 바람을 앙망함으로 경험하게 하시려고 준비하여 주신 시간이라는 사실을 잊지 않으시기를 바랍니다.

다시 한 번 기억하시기를 바랍니다.

우리는 세상과 다른 사람들입니다. 우리는 세상과 구별된 사람들입니다.

우리는 세상과 차별화된 사람들입니다.

새해를 맞이하면서 우리 모두가 더욱 더 믿음을 통한 굳건한 희망(希望)가운데 하나님을 향한 앙망(仰望)을 고백하는 발걸음이 이어지시기를 소망합니다.

올 한 해의 매일 매일의 발걸음이 하늘을 자유롭게 지배하는 독수리와 같이 하나님을 앙망함으로 그 인도하심에 맡겨 세상을 지배하며 리드하며 누리며 날아가는 시간들이 되시기를 축복 드립니다.

부흥이란 무엇인가?

최근에 미국 켄터키 윌모어 지역에 있는 애즈베리 대학교에서 시작된 부흥 운동(Asbury Revival)이 세계 기독교의 엄청난 관심을 받고 있습니다.

두 달이 넘도록 많은 사람들이 세계 각국에서 채플에 참석하기 위하여 지금도 모여들고 있다고 합니다.

보통 7시간 정도 줄을 서서 기다려야 겨우 예배당에 들어갈 수 있을 정도로 엄청난 은혜의 감격을 누리고 있다고 합니다.

이 부흥운동에 대하여 현재 다양한 시각과 시선이 있다고 합니다.

한편으로는 적극적으로 기뻐하는 사람들도 있지만 한편으로는 우려의 목소리를 내기도 한다고 합니다.

그럼에도 불구하고 지금 이 시대에 일어나고 있는 부흥의 역사를 통하여 다시 한 번 확인해야 할 중요한 부흥의 정의가 있음을 발견하게 됩니다.

애즈버리 부흥 운동을 지켜보는 많은 분들 가운데 저의 시선을 멈추게 한 내용이 있어 소개를 드리고자 합니다.

'부흥이란 무엇인가? Z세대를 위한 가이드'라는 글을 올렸던 미국 교육 청소년 사역자 그랙 스티어(Greg Stier) 목사는 부흥에 대하여 다음과 같이 정의하고 있습니다.

"첫째, 은밀한 죄의 고백과 십자가를 통한 완전한 해결"

"둘째, 예수 그리스도를 향한 온 마음을 다한 헌신의 공개 선언"

제 개인적으로 탁월한 부흥에 대한 정의라는 생각을 하게 됩니다.

초대교회 당시에 교회 부흥의 발단이 되었던 베드로의 설교가 소개되고 있습니다.

설교를 들은 사람들의 반응은 두가지였습니다.

"첫째, 은밀한 죄의 고백과 회개가 있었습니다"

"둘째, 헌신에 대한 공개 선언과 행동이 있었습니다"

"저희가 이 말을 듣고 마음에 찔려 베드로와 다른 사도들에게 물어 가로되 형제들아 우리가 어찌할꼬 하거늘 베드로가 가로되 너희가 회개하여 각각 예수 그리스도의 이름으로 세례를 받고 죄 사함을 얻으라 그리하면 성령을 얻으리라."(행 2:37-38)

"저희가 사도의 가르침을 받아 서로 교제하며 떡을 떼며 기도하기

를 전혀 힘쓰니라."(행 2:41-42)

한국 부흥의 초석이 되었던 1907년의 평양 장대현 교회에서 시작된 대 부흥 운동의 상황도 초대교회의 상황과 별반 다르지 않았음을 우리는 발견하게 됩니다.

사람들은 말씀을 듣고 마음에 찔림을 받고 은밀한 자신의 죄들을 고백하기 시작하였습니다.

눈물과 통곡과 참회와 간절함으로 온갖 더러운 숨겨두었던 모든 은밀한 죄들을 가감 없이 고백하기 시작하였습니다.

서로가 회개를 통하여 진정한 용서를 경험하게 되었습니다.

사람들은 매일마다 모이기를 힘쓰며 말씀과 기도와 찬양이 멈추질 않았습니다.

자발적으로 복음을 전하기 위하여 자신의 모든 것을 내려놓고 전국을 향하여 기쁨으로 발걸음을 옮기는 사람들이 늘어나기 시작하였습니다.

우리는 부흥을 물려받은 사람들입니다.

우리는 부흥을 누려야 할 사람들입니다.

우리는 부흥을 물려주어야 할 사람들입니다.

그렇다면 우리에게 남겨진 부흥은 지금 어디에 머물러 있는 것일까요?

우리는 이 질문 앞에 서야 합니다.

현대를 사는 크리스챤 들은 부흥이 사라진 시대를 살아가고 있다고 말을 합니다.

마치 사랑하는 자녀를 잃어버리고 애타게 찾아 헤매는 부모의 마음으로 교회마다 부흥을 외치고 있습니다. 간절하게 외치고는 있습니다! 갈급 하고는 있습니다! 갈망하고는 있습니다!

그런데 부흥은 일어나지 않고 있습니다. 왜, 일까요?

그것은 다른 그 어떤 것이 아닙니다. 우리가 놓쳐버린 부흥의 전통이 사라졌기 때문입니다.

우리는 신앙생활을 하면서도 은밀한 자신의 죄를 고백하지 않고 있습니다.

우리는 신앙생활을 하면서도 은밀한 자신의 죄를 고백할 만큼 하나님 앞에 정직하지 못합니다.

우리는 신앙생활을 하면서도 은밀한 자신의 죄를 고백해도 되는 믿음 공동체를 경험하지 못하고 있습니다.

우리는 신앙생활을 하면서도 은밀한 자신의 죄를 해결할 수 있는 방법을 경험하지 못하며 살아가고 있습니다.

단언합니다. 이러한 교회와 성도와 공동체에 부흥은 불가능합니다.

마치 교도소에 모인 사람들이 정의로운 사회를 꿈꾸는 것과 같습니다.

우리는 철저한 회복이 있어야 합니다. 우리의 철저한 회개가 있어야 합니다.

우리의 철저한 방향전환이 있어야 합니다. 우리의 철저한 결단의 고백과 행동이 있어야 합니다.

하나님이 가장 원하시는 부흥은 우리 각 사람의 회복과 믿음의 모범입니다.

"예수 그리스도의 마음으로의 회복!"

"예수 그리스도의 삶으로의 회복!"

정말 부흥을 꿈꾸고 계십니까?

1. 은밀한 자신의 죄를 고백하고 예수 그리스도의 십자가 앞에서 해결 받으시기를 바랍니다.

1. 은밀한 자신의 죄와 결별하시기를 바랍니다.

1. 예수 그리스도의 마음으로 생각하고 행동하고 말하고 지키시기를 바랍니다.

반드시 부흥은 이어집니다. 반드시 우리는 부흥을 다시 경험하게 됩니다.

반드시 우리는 다음세대를 향하여 부흥을 물려줄 수 있습니다.

기억하시기를 바랍니다. 진정한 부흥은 당신이여야 합니다!

상상(想像)이 상식(常識)이 되는
기적을 누리는 사람들!

한참 농구에 미쳐 지내던 학창시절에 저의 온 마음을 훔쳐간 세계적인 농구 선수가 있었습니다.

당시 미국 NBA의 시카고 불스라는 팀에서 등번호 23번을 달고 환상적인 활약하였던 마이클 조던이라고 하는 선수였습니다.

저의 학생시절 자주 꿈 속에서 마이클 조던과 단 둘이 시합을 하면서 마이클 조던 앞에서 덩크슛을 하는 자신의 모습을 상상하는 것 만으로도 그저 행복했던 시간들이 무척이나 많았습니다.

예수 그리스도를 믿는 믿음을 통하여 저의 생활 가운데 종종 발견하게 되는 상상이 상식이 되는 기적을 소개하고 싶습니다.

어린시절 동경의 대상 이였던 마이클 조던 앞에서 덩크슛을 쏘는 꿈 속에서나 가능한 상상보다 더 큰 놀라운 일들이 상상이 아닌 상식으로 다가오는 기적이기도 합니다.

"누구든지 네 오른편 뺨을 치거든 왼편도 돌려 대며 또 너를 송사하여 속옷을 가지고자 하는 자에게 겉옷까지도 가지게 하며 또 누구든지 너로 억지로 오리를 가게 하거든 그 사람과 십리를 동행하고 네게 구하는 자에게 주며 네게 꾸고자 하는 자에게 거절하지 말라."(마 5:39-42)

상상만해도 도저히 불가능할 것 같은 이러한 마음을 예수 그리스도를 믿는 믿음을 통해 나의 상식으로 인정하고 누리게 되는 기적입니다.

예수 그리스도를 통해 경험하게 되었고 내 안에 품게 하신 기적입니다.

예수 그리스도를 통해 상상이 아닌 현실로 경험하게 된 기적입니다.

예수 그리스도를 통해 지금도 여전히 누리며 경험하며 누리고 있는 기적입니다.

현실을 넘어서 막연한 상상속에서나 동경하며 추구하는 일들이 아닌 나의 삶을 통해 상식처럼 누릴 수 있는 마음과 결정과 결단과 행동을 가져오게 했던 신비한 기적입니다.

예수 그리스도를 믿음으로 맞이하게 된 기적입니다!

예수 그리스도가 우리 에게도 맡기시고 누리시기를 바라시는 하나님의 선물입니다!

예수 그리스도를 믿음으로 살아가는 우리 모두에게 주시는 세상이 알 수 없고 흉내도 낼 수 없는 신비한 재능입니다!

예수 그리스도를 믿는 크리스챤들이 누려야 할 기적 같은 상식이 있다는 사실을 알고 계십니까?

크리스챤은 세상이 꿈꾸는 상상이 상식이 되는 기적을 살아내는 사람들입니다.

크리스챤은 세상이 꿈꾸는 상상이 상식이 되는 경험을 간직한 사람들입니다.

크리스챤은 세상이 꿈꾸는 상상이 상식이 되는 꿈을 이어가는 사람들입니다.

잊지 않으시기를 바랍니다.

예수 그리스도를 통하여 우리에게 주시는 상상이 상식이 되는 기적은 지금도 여전히 멈춤이 없습니다.

지금도 변함없이 세상이 감당할 수 없는 도저히 세상이 상상조차도 할 수 없는 상식을 품게 하는 기적을 우리로 하여금 살아가기를 기대하고 계십니다.

왜냐하면 믿음은 기적이기 때문입니다!

왜냐하면 믿음은 상상이 상식이 되는 기적이기 때문입니다.

왜냐하면 믿음은 세상에서 말하는 기적을 매일 맛보는 신비한 생활이기 때문입니다.

상상이 상식이 되는 삶을 살아가면 갈수록 다가오는 더 큰 믿음의 기적이 우리를 기다리고 있습니다.

예수 그리스도가 하나님이심에도 불구하고 인간의 몸으로 우리에게 아니 나에게 달려오셨던 것처럼 다가오는 가슴 벅찬 기적입니다.

세상이 품을 수 없는 상식입니다. 누릴 수 없는 상식입니다. 제시할 수 없는 상식입니다.

"나는 너희에게 이르노니 너희 원수를 사랑하며 너희를 핍박하는 자를 위하여 기도하라."(마 5:44)

상상만해도 듣기만 하여도 세상 사람들은 숨막혀 질식할 것 같은 일들을 우리의 상식으로 받아들이고 누리게 하시려고 주신 기적이 우리를 여전히 기다리고 있습니다.

믿음이 주는 신비롭고 특별하고 비교할 수 없는 자부심입니다.

모두들 알고 계십니까?

믿음은 상상이 상식이 되는 기적을 매일 누리며 살아가는 것입니다.

믿음은 상상이 상식이 되는 기적을 매일 쌓아가며 하나님 나라를 향해 나아가는 것입니다.

믿음은 상상이 상식이 되는 기적을 매일 쌓아가며 예수 그리스도의 길을 남기는 것입니다.

세상은 점점 상상이 늘어만 가고 있습니다. 세상은 점점 상상이 꿈이 되어가고 있습니다.

세상은 점점 상상이 불가능하다고 설득합니다. 세상은 점점 상상은 상상일 뿐이라고 단정합니다.

아닙니다! 절대로 그렇지 않습니다! 절대로 속지 않으시기를 바랍니다.

우리는 세상이 말하는 상상을 상식으로 살아내는 기적을 누리게 하시려고 선택된 사람들입니다.

우리가 크리스챤이라면 말입니다. 당신이 크리스챤이라면 말입니다.

함께 나누며 확인하고 싶은 믿음의 설레임이 있습니다.

예수님이 그러하셨던 것처럼 상상이 상식이 되는 기적에 대한 마음의 나누는 것입니다.

지금도 기적을 살아가고 계십니까? 지금도 기적을 경험하고 계십니까?

지금도 기적을 이어가고 있습니까? 지금도 기적을 지켜내고 있습니까?

우리는 기적을 만드는 사람들입니다. 우리는 기적을 지키는 사람들입니다.

우리는 기적을 남겨야 할 사람들입니다. 우리는 기적을 상식으로 만드는 사람들입니다.

그 주인공이 당신입니다! 그 주인공이 당신 이기를 응원합니다!

상식(常識)을 넘어선 상식(靈的常識)을 살아가는 사람들(信仰)!

1996년에 신학 대학원을 입학하여 들었던 수업 내용 가운데 지금도 제 머리속에 선명하게 기억되는 내용이 있습니다.

그 수업을 가르치셨던 교수님은 미국에서 오랫 동안 사역을 하시다가 한국에 교수사역을 위하여 오신 분이셨습니다.

목회자의 길을 구체적으로 걷기 시작하는 저희들을 향하여 목회자로서 갖추어야 할 중요한 자질이 무엇인지에 대하여 말씀하여 주셨습니다.

교수님께서 미국에서 사역하는 가운데 기독교 신문을 통해 한 교회에서 목회자 청빙 광고를 실었는데 그 내용 가운데 한 문장을 보고 씁쓸하기도 하면서 강한 도전을 얻은 문구가 있었다고 합니다.

목사 청빙 조건 가운데 중요한 조건으로 이런 내용이 적혀 있었다고 합니다.

"상식이 통하는 목사!"

이 청빙 내용을 이야기하시면서 저희들에게 앞으로 사역을 하면서 설교도 잘하고 목회도 잘하고 양육도 잘해야 하지만 모든 성도들이 보기에도 세상이 보기에도 인격적으로 상식이 통하는 목사가 되어야 한다고 당부해 주셨습니다.

교수님께서 당신의 지나온 목회를 돌아보시면서 교회가 특별히 목회자들이 상식이 통하지 않는 경우가 너무 허다하다는 사실을 지적하며 주의할 것을 당부하여 주셨습니다.

많은 교회의 지도자와 성도들이 믿음이라는 이름으로 행하고 있는 수없이 많은 상식이 통하지 않는 생각과 판단과 결정과 행동을 보면서 실망하고 있다는 것을 잊지 말라고 충고를 해 주셨습니다.

많은 교회의 지도자와 성도들이 세상을 향하여도 상식이 통하지 않는 길을 이어가고 있다는 사실을 지적하며 가슴 아파하셨습니다.

처음 신학을 시작하던 그 시절에 한편으로는 가볍게 웃어 넘겼던 이 내용이 지금이라는 시간 가운데 더욱 더 저의 마음을 힘들게 하고 무겁게 다가오는 현실이 무척이나 서글퍼 지기도 합니다.

왜냐하면 26년 전에 들었던 이 내용이 지금의 목회 현장이나 교회 상황이나 선교 현장에서 변함없이 나타나고 있는 현상이라는 사실 때문입니다.

한국교회의 작금의 현실을 보면서 세상의 많은 사람들이 말을 합니다.

더하여 교회를 다니면서 신앙생활을 하는 사람들 사이에도 동일하게 성토하는 목소리를 접하게 됩니다.

"교회는 말이 안 통해!" "교회가 상식적이지 못해!"

"교회는 너무 이기적이야!" "교회는 너무 폐쇄적이야!"

물론 신앙생활이 세상의 상식에 모든 것을 맞추어야 한다는 것은 절대 아닙니다.

저도 인정합니다. 세상의 상식을 넘어 일하시는 하나님의 역사가 있다는 것을 말입니다.

저도 인정합니다. 세상의 상식으로는 도저히 이해하거나 수용할 수 없는 하나님의 일하심과 역사가 있다는 것을 말입니다.

그럼에도 불구하고 저는 오히려 하나님을 믿는 우리들에게 주시는 하나님의 기준은 철저하게 상식적인 것이라는 것을 부인하고 싶지는 않습니다.

"성경은 우리가 세상의 빛과 소금이 되어야 한다고 말합니다."

저는 이 말을 이렇게도 표현하고 싶습니다.

"예수 그리스도를 믿는 사람들은 세상에서 가장 상식이 잘 통하는 사람이 되어야 합니다!"

교회마다 성도들이 목회자와 지도자들을 향하여 당연하듯 느껴야 할 마음이 있습니다.

'우리 목사님은 정말 상식적이시고 대화가 되고 인격적이시고 열린 마음을 가지고 있는 분이시다'라는 이야기를 들어야 합니다.

세상 사람들이 크리스챤을 보면서 당연하게 생각하고 요구하고 기대해야 할 모습이 있습니다.

'역시 교회 다니는 사람들은 상식이 있고 인격적이며 따뜻하고 대화가 되고 마음이 열려있다'라는 이야기를 들어야 합니다. 이것이 믿음의 중요한 특징입니다.

믿음 안에서 상식이 통하는 관계, 세상안에서 상식이 통하는 관계,
믿음 안에서 상식이 통하는 교제, 세상안에서 상식이 통하는 교제,
믿음 안에서 상식이 통하는 만남, 세상안에서 상식이 통하는 만남.
상식이란?
나와 우리가 함께 당연하듯 누리는 마음입니다.
당연하듯 누리는 납득입니다. 당연하듯 누리는 공감입니다.
당연하듯 누리는 행복입니다. 당연하듯 누리는 만족입니다.
이 땅에 인간의 몸으로 오신 예수 그리스도의 생애는 완벽한 상식을 보여주신 생애이기도 하셨습니다.

믿음으로 산다는 것은 우리의 삶을 통하여 세상 사람들이 바른 기준을 발견하게 하는 것이기 때문입니다.

무엇이 진정한 상식인지를 보여주는 것이 신앙생활입니다.

세상이 제시하는 상식을 당연한 듯 지켜내며 누리는 것입니다.

여기에 머무르지 않고 더하여 세상이 알지 못하고 경험하지 못하고 누리지 못하고 놓치고 살아가는 "영혼의 상식"까지도 보여주고 나

누어 주고 제시해야 할 우리가 크리스챤입니다.

세상의 상식으로는 명함도 내밀지 못하는 상식을 넘어선 상식(靈的常識)을 기준 삼아 살아가는 것이 크리스챤입니다.

예수님이 우리에게 주신 믿음의 영적 상식(靈的常識)입니다!

예수 그리스도를 믿는 우리들 만이 누릴 수 있는 차원이 다른 상식입니다!

> "누구든지 오른편 뺨을 치거든 왼편도 치도록 내어주는 것.
> 속옷을 가지고자 한다면 겉옷까지도 내어주는 것.
> 억지로 2킬로를 가자고 하면 기쁨으로 4킬로를 동행하는 것.
> 구하는 자에게 값없이 주고 무엇인가 빌리고자 할 때 기쁨으로 나의 모든 것을 나누어 주는 것.
> 나의 원수를 진심으로 사랑하고 나를 핍박하는 사람을 위하여도 진심으로 기도하여 주는 것."(마 5:38-44)

언제부터 인가 세상의 상식에도 미치지 못하는 우리의 모습을 깊이 반성하면서 우리가 보여주어야 할 진정한 상식을 함께 회복하며 나아가기를 소망합니다.

신분(身分)에 맞게 삽시다!

조선시대 양반들은 아무리 추워도 곁불을 쬐지 않았다고 합니다.

조선시대 양반들은 아무리 배가 고파도 손으로 음식을 먹지 않았다고 합니다.

조선시대 양반들은 아무리 비가 와도 절대로 뛰지 않았다고 합니다.

양반으로서 스스로에게 주어진 양반이라는 신분을 지키기 위해 자신의 본능까지도 억제하며 살았던 그들의 자부심과 고집을 볼 수 있는 표현이라고 생각합니다.

조금 과장되고 가식적인 행동처럼 보일지도 모르지만 양반이라는 신분과 그 정신에 담긴 가치를 지키기 위하여 노력하였던 그 정신을 우리가 배워야 하고 인정을 해야 할 부분이 있다고 생각합니다.

예수 그리스도를 믿는 우리들에게 주신 하나님의 특별한 영적 신분이 있습니다.

"하나님 나라의 대사(大使)"

"그러므로 우리가 그리스도를 대신하여 사신이 되어 하나님이 우리를 통하여 너희를 권면하시는 것 같이 그리스도를 대신하여 간청하노니 너희는 하나님과 화목(하나님의 마음과 일치)하라."(고후 5:20)

예수 그리스도를 믿음으로 우리들은 신분상승을 받은 사람들입니다.

우리의 본능이나 감정이나 생각이나 기준으로 살아가는 인생이 아니라는 것입니다.

하나님의 마음을 품고 하나님을 대신하여 이 세상에 파견된 하나님 나라의 대사로서 살아가야 한다는 것입니다.

나의 신분을 정확히 알고 그에 걸맞게 살아내는 것이 진정한 신앙의 성공입니다. 역할입니다.

우리에게 부여하신 하나님나라 대사 로서의 사명과 고집과 포기할 수 없는 양보할 수 없는 자부심이 있어야 합니다.

때론 나를 무시하고 욕하고 배신하고 이용하고 뒷담화를 하는 사람들을 향하여도 내가 나눌 수 있는 마음이 달라지는 것입니다.

우리는 하나님나라의 대사 답게 생각하고 말하고 행동해야 합니다.

예수님은 하나님 나라의 대사로 임명 받은 사실을 인정하며 고백하는 사람들에게만 맡겨 주신 독특하고 특별하고 구별되는 사명이 있습니다. 세상의 기준과는 비교할 수도 없는 고귀한 역할이 있습니다. 차원과 수준과 레벨이 다른 사명을 맡겨 주셨습니다.

하나님의 대사로 고백하는 이들에게만 주시는 사명입니다.

오른편 뺨을 치는 사람이 있으면 왼쪽 뺨도 치도록 하라는 것입니다.

나를 모함하여 겉옷을 빼앗으려는 사람에게 속옷까지도 내어주라는 것입니다.

억지로 2킬로를 걷게 하는 사람과는 4킬로까지 가는 마음을 가지라는 것입니다.

무엇인가 나에게 구하면 주고자 하는 마음과 나눔의 마음을 가지라는 것입니다.

여기에 멈추지 않고 한걸음 더 나아가 하나님의 대사 로서의 특별한 사명을 부여하여 주셨습니다.

"나는 너희에게 이르노니 너희 원수를 사랑하며 너희를 박해하는
자를 위하여 기도하라"(마 5:44)

크리스챤 즉, 예수 그리스도를 믿는 우리들은 인간적인 본능이나 감정이나 기준이나 평가에 이끌려 살아가는 사람들이 아니라는 사실입니다.

우리는 인간적인 본능이나 감정이나 생각을 다스릴 하나님의 마음과 열정과 품격을 가진 인생으로 선택을 받아 세워진 사람들이라는 것입니다.

"하나님의 열정 : 하나님의 마음"

믿음으로 산다는 것은 하나님의 마음을 품고 누리며 표현하며 보여주며 나눠주며 사는 사람들입니다.

자신의 영적 신분을 아는 사람들은 생각과 표현과 행동이 다릅니다.

우리는 우리의 원수와 우리를 핍박하는 사람들을 위하여도 사랑을 나누고 그들을 위하여 진심으로 기도할 수 있어야 합니다.

우리는 "하나님 나라의 대사(大使)"이기 때문입니다.

우리의 신분을 아는 것이 너무도 중요한 이유가 여기에 있습니다.

단지 양반이라는 신분을 지키기 위해서 자신의 명예를 지키기 위하여도 인간이 가지는 기본적인 본능과 감정과 행동을 억제하며 다스리며 살아가기를 포기하지 않았던 사람들이 많았습니다.

우리는 더욱 구별된 하나님의 사명과 지위를 받은 영적 양반입니다.

"영적 양반 : 하나님 나라의 대사"

우리에게 주신 영적 신분에 맞게 살아가야 합니다.

절대로 물러서지도 타협하지도 포기하지도 않아야 합니다.

잊지 않으시기를 바랍니다.

우리 모두는 하나님 나라에서 이 땅에 선별되어 파송이 된 하나님 나라의 대사입니다.

신앙박명(信仰薄命)을 꿈꾸며!"

지금은 목회에서 은퇴하셨지만 한국에서 모범적인 사역을 하셨던 목사님이 목회 현장에서 경험했던 내용 가운데 들려주시는 감동적인 간증 이야기를 들으며 마음속에 깊은 울림을 경험하게 되었습니다.

목회 현장에 계실 때에 교인 가운데 권사님 한 분이 아직은 젊은 60대의 나이에 말기 암으로 돌아가시게 되어서 병문안을 가게 되었다고 합니다.

목사님이 들어가셔서 차분하게 마음을 담아 기도를 한 후에 조금은 어색한 가운데 함께 이야기를 나누는 가운데 권사님이 미소를 담아 병문안을 오신 목사님과 주위의 가족들에게 이렇게 말했다고 합니다.

"저를 보면 미인박명(美人薄命)이라는 말이 정말 정확히 맞는 말인 것 같습니다!"

이 이야기를 하시면서 웃으시는데 목사님과 주변의 가족들도 크게 웃으며 위로를 받는 시간이 되었다고 합니다.

목사님은 죽음을 앞둔 권사님의 이러한 고백을 들으며 신선한 감동을 받았다고 합니다.

또한 마음속에 이러한 확신을 가지게 되었다고 합니다.

"권사님은 진정한 크리스챤 이셨구나!"

죽음을 앞두고 오히려 천국 소망을 가지고 받아들이기 쉽지 않은 환경 가운데 화사한 미소를 나누는 모습을 대하면서 정말 예수 그리스도를 제대로 믿는 성도라는 사실을 새롭게 확신하게 되었다고 합니다.

우리들 가운데 그 어느 누구도 죽음이 두렵지 않은 사람은 없을 것입니다.

그러나 죽음 앞에서 두려움이나 슬픔이나 좌절이 아닌 소망과 은혜와 설레임으로 승화시키는 것이 성숙한 신앙이라는 것을 새롭게 확인하게 되었습니다.

지금은 천국에 계시지만 일본에서 유명한 크리스챤 작가가 계십니다.

그분의 이름은 미우라 아야코라는 여성 작가 분이십니다.

우리나라에서도 잘 알려진 '빙점'이라는 소설을 남긴 분이시기도 합니다.

미우라 아야코 작가는 육체의 병마로 인하여 많은 시간을 고생하시다가 드디어 죽음을 맞이하는 시간을 앞에 두고 더욱 더 확신에 찬 고백을 남기었습니다.

"나에게는 이 땅에서 하나님이 마지막으로 남겨 주신 죽음이라는 소중한 역할이 남아 있습니다"

죽음을 넘어 맞이하게 될 진정한 생명을 향한 자신감과 기대감과 설레임을 통한 고백 이었습니다.

사도 바울은 예수 그리스도를 만난 이후로 자신이 죽음을 감격하며 나아갔던 사람이기도 하였습니다.

매일매일 죽음에 대한 설레임으로 천국 소망을 품고 나아갔던 믿음의 전사이기도 하였습니다.

"형제들아 내가 그리스도 예수 우리 주 안에서 가진바 너희에게 대한 나의 자랑을 두고 단언하노니 나는 날마다 죽노라."(고전 15:31)

그야말로 매일 매일 신앙박명(信仰薄命)의 삶을 살았던 사도이기도 하였습니다.

"신앙박명 : 나는 날마다 죽노라!"

예수 그리스도를 믿는다는 것은?

믿음 때문에 내가 죽고 예수로 사는 것입니다. 한 마디로 "신앙박명(信仰薄命)"입니다.

우리의 자아나 생각이나 꿈이나 욕망이나 기준이 죽는 것입니다.

하나님이 가장 원하시는 제자는 예수로 살고 나는 죽는 사람입니다.

신앙박명(信仰薄命)을 고백하는 사람이여야 합니다.

'나는 날마다 죽노라!'라는 고백이 우리 모두의 고백이 되는 것입니다.

이것이 진정한 믿음 공동체입니다.

이것이야말로, 하나님이 기대하시는 사람입니다. 하나님이 기대하시는 모임입니다.

하나님이 기대하시는 제자입니다. 하나님이 기대하시는 비젼입니다.

하나님이 기대하시는 결과입니다. 하나님이 기대하시는 교회입니다.

죽음을 앞에 두고 미소를 띄우며 하나님 나라를 소망하며 미인박명(美人薄命)을 외치셨던 권사님의 '신앙박명(信仰薄命)'의 고백이 우리의 신앙 심장을 뛰게 하는 원동력이 되시기를 소망합니다.

사도 바울이 '나는 날마다 죽노라!'고 매일 고백하였던 신앙박명(信仰薄命)의 고백이 우리 모두의 신앙 고백으로 이어지고 지켜 지기를 꿈꾸며 기대하고 싶습니다. 응원하고 싶습니다.

신앙의 본질(本質) - 예의(禮儀)

제가 대학생 시절에 신앙생활을 하면서 가장 충격을 받았던 두가지 장면이 있었습니다.

한가지는 제가 봉사했던 고아원 시설에서 같이 섬겨 주셨던 목사님의 시골교회에 우연히 예배를 참석하게 되었는데 성도 여성 한 분이 목사님 설교 중간에 갑자기 일어나서 고함을 지르고 설교를 못하게 하시고 남편처럼 보이는 분이 목사님 멱살을 잡는 장면 이었습니다.

또 한가지는 대학생 시절에 당시 담당 집사님께서 전체 회의 가운데 대학부 담당 목사님을 모두가 보는 앞에서 핀잔을 주고 면박을 주었던 장면이었습니다.

저는 그때 정말 큰 충격과 상처를 받았습니다.

누구의 잘 잘못을 떠나서 하나님 앞에서, 사람 앞에서 예의가 없다고 생각했기 때문입니다.

믿음을 가지고 있다는 사람들이 가져야 할 최소한의 예의를 상실했기 때문이라고 생각했기 때문입니다.

특별히 교회 안에서 이러한 무례함이 버젓이 행해진다는 사실이 하나님 앞에서 너무 죄송하고 고개를 들 수 없는 모멸감을 저에게 주었기 때문입니다.

하나님 앞에서 너무 민망하고 죄송하고 분하고 억울해서 울었던 기억이 아직도 생생하게 저를 아프게 하고 있습니다.

개인적으로 저는 신앙생활 가운데 가장 중요한 신앙의 흔적이 예의라고 생각하기 때문입니다.

예수 그리스도를 믿는다는 것은 예의를 지키기 위하여 몸부림치는 것이라고 생각하기 때문입니다.

우리가 예수 그리스도를 믿어야 하는 빼 놓을 수 없는 중요한 이유를 말한다면 그것은 가장 예의가 있는 기준과 모범을 제시하여 주시기 때문이라고 당당하고 말할 수 있기 때문입니다.

세상에서 가장 예의를 소중히 여기시고 지키시고 누리셨던 분이 바로 인간으로 오셨던 예수 그리스도이셨기 때문입니다.

"하나님 앞에서 완벽한 예의!"

"사람들 앞에서 완벽한 예의!"

이것이 예수 그리스도의 생애를 나타내는 중요한 부분이기도 하기 때문입니다.

저는 개인적으로 신앙안에서 우리가 누려야 할 예의를 다음과 같이 정의하고 싶습니다.

성경이 말하는 예의 란?

예 : 예수님의 의 : 도대로 살아내는 것

교회는 가장 예의 바른 공동체이여야 합니다. 크리스챤은 가장 예의 바른 사람이여야 합니다.

아무리 말씀을 많이 알고, 기도를 열심히 하고, 예배를 사모하고, 많은 봉사를 하고, 헌신을 하고, 희생을 할지라도 믿음을 통한 예의가 없다면 오히려 우리의 모든 신앙활동의 수고와 경험과 업적은 막장인생의 도구로 전락하게 될 위험요소가 많기 때문입니다.

예수님은 우리들이 믿음 안에서 누려야 할 '예의의 기준'에 대하여 명확하게 정의하여 주셨습니다.

"나는 너희에게 이르노니 너희 원수를 사랑하며 너희를 박해하는 자를 위하여 기도하라."(마 5:44)

이것이 믿음을 통한 예의의 기준입니다.

예수님께서 몸소 보여주시고 우리들에게 남겨 주신 믿음의 예의입니다.

믿음으로 살아가는 사람들 만이 누릴 수 있는 차원 높은 세상과는 비교도 안 되는 구별된 하나님의 선물입니다. 능력입니다.

우리는 예수 그리스도를 믿는다고 하면서 원수가 아닌 믿음 공동체 안에서도 서로 사소한 일이나 감정이나 관계 때문에 참지 못합니다. 분노합니다. 감정을 억제하지 못합니다. 사랑과는 관계없는 원수관계가 되기도 합니다.

우리가 박해를 받아도 상대방을 위하여 기도하라고 하는데 작은 문제나 감정이나 기분으로 상대방을 무시하기도 합니다. 멸시하고 상대하지 않으려고도 합니다.

세상은 점점 예의가 없는 시대를 향하고 있습니다.

각자 자신의 옳은 대로 살아가야 한다고 가르치고 살아가기 때문입니다.

성경적인 기준이나 방향성을 제시하면 오히려 무시를 당하고 손가락질을 당하는 시대이기도 합니다. '지금이 어떤 시대인데!'라고 말을 합니다.

그러나 정말 가슴이 무너지고 아프고 서글픈 것은 교회안에도 세상의 기준이 지배하고 있다는 현실 때문입니다.

많은 크리스챤들이 세상과 별반 다를 것이 없는 기준으로 살아가고 있다는 현실 때문입니다.

세상 사람들이 오히려 교회를 향하여 예의가 없다고 말을 합니다.

세상 사람들이 오히려 교회 다니는 사람들이 예의가 없다고 말을 합니다.

교회 다니는 성도라고 자부하는 사람들이 오히려 서로에게 예의가 없다고 말을 합니다.

가슴 아프지만 부정할 수 없는 현실의 모습에 무너지는 마음을 주체할 수 없습니다.

아닙니다! 절대 안 됩니다! 우리는 회복해야 합니다! 우리는 되 찾아야 합니다!

우리들은 예수님을 믿는 사람들입니다. 우리들은 예수님을 따라가는 사람들입니다.

우리들은 예수님을 투영하는 사람들입니다. 우리는 가장 예의를 지키는 사람들이여야 합니다.

이곳이 믿음의 본질이기도 합니다.

단순한 예의가 아닌 예수님이 가르치신 "고품격 예의!"를 기준으로 살아가는 사람들이여야 합니다.

우리는 예수 그리스도의 제자들이기 때문입니다. 우리는 크리스챤이기 때문입니다.

우리는 예수 그리스도의 편지이기 때문입니다.

"믿음(信仰)은 예의(礼儀)입니다!"

신앙의 본질(本質) - 의리(義理)

부끄러웠던 저의 지난 시절 이야기를 한가지 나누고자 합니다.

저는 고등학교를 입학하고 다니던 중에 학교에 적응을 하지 못하고 부모님 몰래 자퇴를 했습니다.

자퇴를 하고 방황도 하면서 지내다가 은혜인지 기적인지 다시 고등학교 입시 시험을 쳐서 합격을 해서 다시 고등학교에 다니게 되었습니다.

재수를 해서 다시 고등학교에 들어갔지만 적응하지 못하고 낮에는 학교에서 문제아로 지내다가 밤에는 친구들과 어울려 놀기도 하고 싸움도 많이 했던 시절이 있었습니다.

그때는 제 얼굴이 무기였습니다.

그런데 불량한 친구들과 놀면서 제 마음에 다가오는 풀리지 않는 의문이 생겼습니다.

자칭 '의리에 살고 의리에 죽는다'고 말하는 친구들이 의리가 있다고 생각했는데 그 속에서 지내다 보니 정말 의리라 고는 눈꼽 만큼도 찾을래야 찾아볼 수가 없었습니다.

오히려 작은 이익을 위하여 친구들을 배신하고 이용하는 모습을 보면서 분노를 느끼기도 하였습니다.

친구와 선배들의 가식적이고 이중적인 모습을 보면서 처음으로 진지하게 예수님을 생각하며 믿음을 가지게 되는 은혜를 누리게 되었습니다.

그 이유는 예수님이 저에게 보여주셨던 의리 때문 이었습니다.

절대로 무슨 일이 있어도 어떠한 상황에서도 저를 배신하지 않으시고 끝까지 다가와 손을 내밀어 잡아 주셨던 주님을 발견하게 되었기 때문 이었습니다.

늘 예수님을 나의 만족과 유익과 목적을 위하여 이용하고 살아가는 저를 향해 보여 주셨던 변함없는 주의 마음이 저를 위로하여 주었기 때문입니다.

우리가 예수 그리스도를 믿음으로 받는 세상과 다른 특별한 선물이 있습니다.

하나님의 뜻을 따라 그 사명과 역할을 먼저 모범으로 보이시고 의리 있게 완수하신 예수님이 우리들을 향하여 주시는 약속이기도 합니다.

"그러므로 너희는 가서 모든 족속으로 제자를 삼아 아버지와 아들과 성령의 이름으로 세례를 주고 내가 너희에게 분부한 모든 것을 가르쳐 지키게 하라 내가 세상 끝날까지 너희와 항상 함께 있으리라."(마 28:19-20)

"내가 세상 끝날까지 너희와 항상 함께 있으리라!"

절대로 예수님은 우리를 배신하지 않으시는 분이라는 것입니다.

절대로 예수님은 우리들을 향한 의리를 포기하지 않으시는 분이시라는 것입니다.

절대로 예수님은 우리들을 향한 신뢰의 마음을 바꾸지 않으시는 분이시라는 것입니다.

예수님은 말씀하십니다.

내가 너와 영원히 함께하리라! 내가 너를 포기하지 않으리라!

내가 너와 늘 함께 동행하리라! 내가 너의 곁에서 늘 도우리라!

내가 너의 진정한 친구가 되리라!

이것이 예수 그리스도를 믿어야 할 특별한 세상과의 차이입니다.

우리가 예수 그리스도를 믿고 살아가는 것에 대한 자부심과 긍지를 가져도 되는 부분이기도 합니다. 우리가 복음을 당당하게 자랑스럽게 전해야 할 이유이기도 합니다.

우리의 신앙생활이 행복해야 할 근간이기도 합니다.

이런 인생이 어디에 있습니까? 이런 행복이 어디에 있습니까?

이런 기적이 어디에 있습니까? 이런 행운이 어디에 있습니까?

이런 축복이 어디에 있습니까? 이런 설레임이 어디에 있습니까?

많은 신앙의 인물 가운데 저의 젊은 시절에 마음속에 깊은 감동과 위로와 용기로 다가왔던 한 분이 계셨습니다.

예수님의 절대로 배신하지 않으시는 의리를 맛보고 죽음 앞에서도 믿음의 의리를 지켰던 인물이기도 하였습니다.

그 분은 터어키의 서머나 교회의 감독 이였고 사도 요한의 제자이자 후임자였던 폴리갑(Polycarp/AD80-165)입니다.

서머나 교회의 감독이셨던 폴리갑은 고령의 나이에 화형에 처하게 되는 상황을 맞이하게 되었습니다.

재판관은 노령의 폴리갑을 회유하며 권유하며 협박하며 예수 그리스도를 믿는 신앙을 버리면 이제라도 남은 여생을 편하게 살게 해 주겠다고 하였습니다.

이에 대하여 폴리갑은 당차게 대답했습니다.

'나는 86년 동안 그분을 섬겨 왔습니다. 그동안 그분은 한번도 나를 부당하게 대하신 적이 없습니다. 그런데 내가 어떻게 나를 구원하신 나의 왕을 모독할 수가 있겠습니까!'

너무 멋지지 않습니까? 예수님과 너무 아름다운 관계라고 생각하지 않으십니까?

폴리갑은 86년 동안의 생애를 통하여 경험한 예수님을 이렇게 고백하고 있는 것입니다.

'86년 동안 예수님은 한번도 저를 배신하신 적이 없으십니다.

86년 동안 예수님은 한번도 저를 실망시킨 적이 없으십니다.

86년 동안 예수님은 한번도 의리를 저버린 적이 없으십니다.

이러한데 내가 어떻게 나를 위해 의리를 지키시고 배신하지 않으신 예수님을 부인할 수 있단 말이요! 내가 차라리 죽으면 죽었지 그것만은 할 수 없습니다!'

정말 예수님과 생명을 통해 나눈 찐한 "영성의 의리"를 만나게 됩니다.

우리가 믿는 예수 그리스도는 이러한 분이십니다.

우리가 믿는 예수 그리스도는 이러한 관계를 원하십니다.

우리가 믿는 예수 그리스도는 이러한 추억을 기대하고 계십니다.

우리가 이 땅의 여정을 다 마친 후에 천국문에서 예수님께서 우리들을 향하여 "의리!"라고 하실 때에 힘차게 웃으며 "아멘!"이라고 말할 수 있는 그 짜릿한 만남을 기대하며 함께 나아가고 싶습니다.

"믿음(信仰)은 의리(義理)입니다!"

우리를 끝까지 배신하지 않으시고 목숨을 주시기까지 의리를 지키신 그 정신을 품고 살아가는 것입니다.

예수님과 같이 믿음의 의리를 지키며 함께 나아가고 싶습니다. 샬롬!

들리는가! 들린다면 응답하라

한국을 떠나 해외에서 선교사로 20년 넘게 살면서 한국에 대한 그리움과 지난 시간의 향수를 떠올리게 했던 드라마가 있었습니다.

응답하라 시리즈 가운데 하나였던 "응답하라 1994"입니다.

마침 비슷한 그 시대에 동일하게 살았던 저의 젊은 시절이 투영되는 것 같아 무작정 좋았던 드라마이기도 하였습니다.

매회마다 다가오는 설레임과 즐거움과 감동으로 즐거움이 가시지 않았던 내용 이었습니다.

90년대에 빛났지만 현실의 무게에 짓눌려 꿈도 낭만도 사랑도 추억도 놓치며 살아가는 21세기의 성인 남녀들을 향해 위로와 도전과 격려를 던져 주었던 따뜻하고 포근한 내용의 드라마로 기억하고 있습니다.

드라마의 마지막 회 끝 부분에서 대학생으로 연기했던 배우 김성

균씨가 남긴 나레이션이 지금도 잊혀 지지 않고 제 마음에 깊은 감동과 울림으로 남아 머물러 있습니다.

마치 나를 향하여 들려주는 위로와 격려처럼 들려왔던 내용이기도 하였습니다.

"뜨겁고 순수했던 그래서 시리도록 그리운 그 시절! 들리는가! 들린다면 응답하라!"

예수님은 이 땅에 오셔서 우리들을 끝까지 사랑하여 주셨습니다.

너무나도 우리들을 사랑하시기에 우리의 죄를 대신하여 골고다의 십자가의 길 까지도 걸어가 주셨습니다.

우리들을 향한 영원한 사랑을 알게 하시려고 죽음을 이기시고 부활하여 주셨습니다.

부활하신 주님은 지금을 사는 우리들을 향하여도 동일하게 들려주시는 음성이 있습니다.

이 시대를 사는 우리들을 향하여도 동일하게 들려주시는 나레이션 같은 질문이 있습니다.

"나는 부활이요 생명이니 나를 믿는 자는 죽어도 살겠고 무릇 살아서 나를 믿는 자는 영원히 죽지 아니하리니 이것을 네가 믿느냐?"(요 11:25-26)

지금을 사는 우리들을 향한 구체적인 초청이기도 합니다.

부활하신 예수님이 동일하게 우리들에게 던져 주시는 나레이션입니다.

부활하신 예수님은 믿음으로 살아가는 모든 이들을 향하여 묻습니다.

《들리는가! 들린다면 응답하라!》

주님을 처음 만났던 뜨겁고 순수했던 시간들이 있었던 우리들을 향하여 주시는 부활하신 예수님의 초청입니다.

시리도록 그리운 그 아름다웠던 믿음의 시간들을 경험하였던 우리들을 향하여 주시는 부활하신 예수님의 초청입니다.

언제부터 인가 감동과 감격이 사라지고 무미건조 해져 버리고 습관처럼 변해 버린 우리의 믿음을 향한 초청입니다.

예수님은 우리들에게 다시 힘을 내게 하시려고 그 누구도 감히 생각도 흉내도 행동도 할 수 없는 그 자리에까지 나아가 죽음을 이기시고 부활하여 주셨습니다.

눈에 보이는 버거운 현실과 앞이 보이지 않는 것 같은 불투명한 미래를 향해 나아가는 우리들의 믿음을 향하여 건네 주시는 영혼을 향한 나레이션이 예수님의 부활입니다.

우리의 아름다웠던 주님과의 순간 순간마다 뜨거웠고 설레였던 만남들을 향한 초청입니다.

예수님을 통해 매일마다 주체할 수 없는 행복으로 흥분했던 한 순간도 잊혀 지지 않는 시간들을 향한 초청입니다.

예수님으로 말미암아 과거와 화해하고 미래를 향한 의심 없는 확신으로 불타올랐던 아무것도 두려울 것이 없었던 열정을 향한 초청입니다.

부활하신 예수님은 우리의 영혼을 향하여 사랑을 담아 위로를 담아 정성을 담아 초청하여 주십니다.

"나는 부활이요! 생명이니라! 들리는가! 들린다면 응답하라!"

들켰다면 인정하면 됩니다

 제가 일반 대학을 졸업하고나서 그 해에 신학대학원을 지원하여 가게 되었습니다.
 시험도 그렇고 면접도 미숙한 부분이 너무 많았기에 당연히 불합격이 될 줄 알았습니다.
 포기하고 있는 가운데 신학 대학원으로부터 합격여부를 알려주는 편지가 도착하였습니다.
 지푸라기라도 잡고 싶은 심장으로 봉투를 열어보는 순간 합격이라는 글자가 눈에 들어왔습니다.
 비록 합격할 자격은 없다고 인정하고는 있었지만 그 기쁨은 이루 말할 수 없을 정도로 행복하였습니다. 그러나 이러한 기쁨은 오래가지 않았습니다.
 너무 기뻐서 마침 곁에 있던 어머니에게 신학 대학원 합격 소식에 대하여 말씀을 드렸더니 저의 이야기를 듣고 계시던 어머니께서 잠시 침묵하신 후에 저에게 진지하게 이런 말씀을 해 주셨습니다.

"해석아! 소경이 소경을 인도하면 둘 다 죽게 된단다!"

저는 이 말을 듣는 순간 어머니에게 분노를 하였습니다.

스스로에 대하여 화를 참지 못하고 어머니와 말싸움을 하였습니다.

저는 계속하여 분하고 억울해서 변명하듯 어머니와 눈물의 설전을 하였습니다.

하지만 저는 알고 있었습니다.

저의 정확한 모습을 들켜버린 수치심을 감추려고 발악하고 있는 저의 수치스러운 모습을 발견하게 되었습니다.

당시에 저는 도망치듯 신학 대학원을 지원했기도 하였습니다.

물론 거짓 믿음도 아니고 구체적인 헌신에 대한 꿈도 있었습니다.

그러나 저는 아직 하나님을 위한 구체적인 헌신자로서 준비되지 못한 사람 이었습니다.

누구보다도 저 자신의 신앙상태와 마음을 알기에 저는 어머니의 칼날 같은 정확한 지적에 분노하고 말았습니다.

그리고 그 때에는 그것을 인정할 용기도 신앙도 준비도 되어 있지 않았습니다.

그럼에도 불구하고 하나님께서 이어지는 저의 연약한 시간들을 통하여 저에게 주신 은혜와 인내와 긍휼의 시간들이 있었습니다.

신학 대학원 합격 통지서를 받았을 때에 들려주셨던 어머니의 말씀을 제가 인정할 수 있도록 포기하지 않으시고 끈질기게 인도하여 주셨습니다.

들켜버린 나의 적나라한 모습을 통해서도 일하여 주셨습니다.

예수님 당시에 끊임없이 예수님의 주위를 맴돌았던 사람들이 있었습니다.

그들은 바리새인들과 사두개인들 이었습니다. 그런데 말입니다!

왜 예수님 당시에 가장 활발하게 신앙생활을 하였던 바리새인들과 사두개인들과 많은 종교지도자들이 그렇게도 안달이 나고 혈안이 되어서 예수님을 십자가에 못박혀 죽이기까지 하려고 했던 것일까요?

그들이 예수님을 십자가에 죽이기까지 분노를 쉬지 않았던 이유는 너무도 간단합니다. 그들은 알고 있었기 때문입니다.

자신들의 가식적이고 형식적이고 무미건조하고 추하고 더러운 거짓신앙이 예수님 앞에 적나라하게 들켜버렸기 때문입니다.

자신들의 치부가 적나라하게 드러난 것에 대하여 참을 수 없는 분노와 수치가 그들을 미쳐버리게 만들어 버렸던 것 이었습니다.

그들은 자신들의 분노와 수치와 치욕과 울분을 해소하려고 현장에서 잡힌 간음한 여인을 예수님이 계신 광장으로 끌고 와서 사람들을 선동하여 율법에 따라 돌로 쳐 죽이려고 하기도 하였습니다.

예수님을 향하여도 이 여자에게 먼저 돌을 던지기를 바라기라도 하듯이 강한 위협과 추궁을 이어 갔습니다.

예수님은 이러한 그들을 향하여 말씀을 건네 주셨습니다.

"너희 중에 죄 없는 자가 먼저 돌로 치라.(요 8:7)"

그러자 광장에 모인 사람들은 자신들의 적나라한 모습이 들켜 버렸음을 인정하게 됩니다.

"저희가 이 말씀을 듣고 양심의 가책을 받아(들켜서) 어른으로 시작하여 젊은이까지 하나씩 하나씩 나가고 오직 예수와 그 가운데 섰는 여자만 남았더라."(요 8:9)

어쩌면 이 광장에 서 있어야 할 사람들이 우리들입니다.
어쩌면 이 광장에서 떠나야 할 사람들이 우리들입니다.
어쩌면 이 광장에서의 시간을 기억하며 살아가야 할 사람들이 우리들입니다.
저는 지금도 사역가운데 나약하고 부족하고 인간적이고 타협하고 방관하려 할 때에 어머니를 통해 저에게 주셨던 하나님의 말씀을 인정하며 나아가고 있습니다.
하나님이 원하시는 바른 신앙생활을 하시기를 원하신다면 제가 경험했던 선한 도전과 결단을 모두에게도 추천 드리고 싶습니다. 사랑의 마음을 담아 고백하고 싶습니다.

지금입니다! 들켰다면 인정하시기를 바랍니다.

지금입니다! 들켰다면 인정하고 돌아서시기를 바랍니다.

지금입니다! 들켰다면 인정하고 도움을 구하시기를 바랍니다.

지금입니다! 들켰다면 인정하고 십자가 앞에 나아가시기를 바랍니다.

한번 더 확인하며 나누고 싶은 간절한 믿음의 도전이 있습니다.

예수님 당시에 겉보기에 가장 경건하고 겸손하고 열정적으로 신앙생활을 하고 있었던 바리새인들과 사두개인들을 향하여 주신 예수님의 경고 담긴 표현이 우리의 신앙 양심을 향한 울림으로 다가오시기를 바랍니다.

"그냥 두어라 저희는 소경이 되어 소경을 인도하는 자로다 만일 소경이 소경을 인도하면 둘이 다 구덩이에 빠지리라."(마 15:14)

마음 상자 비밀번호 전문가!

인생을 살아가는 동안에 누구라도 혼자만이 알고 있는 마음 상자의 비밀번호가 있습니다.

다른 그 어느 누구도 알지도 못하고 열지도 못하고 침범할 수 없는 은밀한 혼자만의 비밀을 담아둔 마음 상자 비밀번호입니다.

누구에게도 들키지 않고, 알려지지 않고, 알 수도 없는 번호이기도 합니다.

이러한 우리의 마음 상자를 여는 비밀번호를 알고 계시는 유일한 "마음 상자 비밀번호 전문가!"가 계시다는 사실을 알고 계십니까?

때로는 우리 스스로도 마음 상자의 비밀번호를 알지 못할 때도 있는데 말입니다.

종종 자기 자신 조차도 스스로의 마음을 이해하지 못하고 받아들이거나 위로하지 못하는 경우가 있는데 말입니다.

어느 때에는 스스로의 마음 상자 비밀번호를 잃어버리고 방황하는 가운데 힘들어하는 시간들이 많기도 한데 말입니다.

자기 자신 조차도 마음 상자 비밀번호를 잃어버리고 헤매 이기도 하지만 한 순간도 놓치거나 잃어버리거나 주저함 없이 우리 마음 상자 비밀번호를 여시고 우리의 모든 마음을 아시는 마음 상자 전문가 이시기도 합니다.

그 마음 상자 비밀번호 전문가를 소개하고 싶습니다.

그 전문가의 이름은 "예수 그리스도!"이십니다.

마음 상자 비밀번호 해독 전문가로부터 인생 가운데 수없이 많은 도움을 받았던 한 사람 다윗은 다음과 같이 고백하고 있습니다.

인생 여정을 통하여 파란만장했던 시간들을 통하여 자신의 마음 속의 깊은 모든 것들까지도 순간 순간마다 들여다보시고 진단하여 주셨던 마음 상자 비밀번호 전문가를 경험했던 다윗은 참을 수 없는 설레임으로 외치곤 하였습니다.

모두를 향하여 노래를 하였습니다. 모두를 향하여 광고를 하였습니다.

모두를 향하여 추천을 하였습니다. 모두를 향하여 소문을 내었습니다.

"여호와여 주께서 나를 감찰하시고 아셨나이다 주께서 나의 앉고 일어섬을 아시며 멀리서도 나의 생각을 통촉하시오며 나의 길과 눕는 것을 감찰하시며 나의 모든 행위를 익히 아시오니 여호와여 내 혀의 말을 알지 못하시는 것이 하나도 없으시니이다."(시 139:1-4)

다윗은 자신 있게 목소리를 높여 모두에게 손을 내밀어 외칩니다. 혹시 지금 마음 상자의 비밀번호를 잃어버리고 살아가고 있는 사람이 있다면 연락해 보라고 선전을 합니다. 추천을 합니다. 정보를 제공합니다.

하늘에서 온 인류를 향한 사랑으로 특별히 마음의 문을 열지 못하는 이들의 연락을 받고

이 땅에 달려오신 마음 상자 비밀번호 해독 전문가를 말입니다.

과거에도 그렇고 지금도 그렇고 앞으로도 변함없이 유일무이하신 분이라고 소개하고 있습니다.

그 분의 이름은 바로 "예수 그리스도"이십니다.

예수 그리스도는 유일하게 우리의 마음속 모든 것을 열어 보실 수 있는 마음속 비밀번호 전문가이십니다.

언제라도 자유롭게 우리의 마음속 문을 여시고 들여다보실 수 있는 분이시기도 합니다.

그러나 오해는 없으시기를 바랍니다.

한가지 중요한 검증이 필요합니다. 한가지 중요한 확인이 필요합니다.

한가지 중요한 절차가 필요합니다.

우리가 먼저 마음 열기를 원해야 한다는 것입니다.

우리가 먼저 연락을 해야 한다는 것입니다.

우리가 먼저 도움을 요청해야 한다는 것입니다.

이러한 마음을 성경은 진정한 회개라고 접수를 합니다.

이러한 연락을 성경은 죄의 고백이라고 접수를 합니다.

이러한 구조요청을 성경은 영적 갈급이라고 접수를 합니다.

이러한 접수를 받으면 모두에게 언제라도 지체없이 즉시로 달려와 주십니다.

가장 적절하게 도움을 주십니다. 가장 완벽하게 해결하여 주십니다.

그 분이 우리를 복음으로 초대하신 예수 그리스도이십니다.

마음 상자 비밀번호 전문가 되시는 예수 그리스도를 호출하는 것은 언제라도 무료입니다.

무료임에도 불구하고 24시간 쉴 새 없이 주야로 비상대기를 하시며 도움을 주기를 기대하며 기다리고 계십니다.

쉬는 날도 없습니다. 연락이 되지 않는 날도 없습니다. 기다리라고 하시지도 않습니다.

그 어느 누구라도 간절함과 갈급함과 두려움으로 마음 상자를 열게 해 달라고 부탁을 할 때에 즉시 찾아오셔서 열어 주시고 보여 주시고 해결하여 주신다고 약속하여 주십니다.

우리 마음 속 가장 소중한 것을 다시 확인할 수 있도록, 회복할 수 있도록, 점검하고 간직할 수 있도록 인도하여 주신다고 약속하여 주십니다.

지금! 혹시 마음 속 깊은 비밀을 해결하고 싶으십니까?

지금! 혹시 열리지 않는 마음속 문제를 해결하고 싶으십니까?

지금! 혹시 진정한 자신의 모습과 마주보고 싶으십니까?

지금 고백해 보시기를 바랍니다. 지금 연락해 보시기를 바랍니다. 지금 손 내밀어 보시기를 바랍니다.

우리 모두의 마음속 비밀번호 해독 전문가 되시는 주님의 24시간 주야대기 서비스를 놓치지 않으시기를 바랍니다.

CHAPTER 2

여름 :
도망자의 고백

여름 - 도망자의 고백 〈마가복음〉

 복음서의 두번째 인물인 마가복음을 남긴 마가의 생애를 통하여 주셨던 여름 태양 같은 하나님의 끊임없는 사랑의 열정의 마음을 확인하면서 함께 힘을 얻는 시간들이 되시기를 소망합니다.
 마가 복음을 남긴 마가는 예수님의 12명의 제자는 아니었습니다.
 그렇지만 마가는 예수님 당시에도 열정적으로 예수님을 믿고 따랐던 청년으로 등장하고 있습니다.
 또한 마가는 베드로의 후계자이며 아들과 같은 존재로 인정을 받게 되기도 하였습니다.
 사복음서 가운데 가장 먼저 쓰여진 마가복음은 사실 베드로복음이라고 해도 과언이 아닙니다.
 왜냐하면 마가는 베드로의 도움을 받아 마가복음을 적고 또한 다른 사람들도 마가가 남긴 마가복음을 통하여 베드로의 도움과 영향력을 알고 있었기 때문입니다.

마가는 당시 초대교회의 중심적인 리더였던 베드로의 동역자가 되고 후계자가 되어 교회를 든든하게 세워가는 중요한 역할을 담당하게 되었습니다.

> "함께 택하심을 받은 바벨론〈로마교회〉에 있는 교회가 너희에게 문안하고 내 아들 마가도 그리하느니라."(벧전 5:13)

마가는 마가복음을 통하여 무명의 이름으로 자신을 소개하고 있습니다.

> "한 청년이 벗은 후에 베 홑이불을 두르고 예수를 따라오다가 무리에게 잡히매 베 홑이불을 버리고 벗은 몸으로 도망하니라."(막 14:51-52)

오늘 본문에서 마가는 구체적으로 자신의 이름을 드러내고 있지는 않지만 극히 개인적인 내용을 그것도 남들에게 말할 수 없는 수치스러운 장면을 남기는 것으로 보아서 마가 자신의 이야기를 소개하고 있음을 마가복음 전체를 통하여 발견하게 됩니다.

복음서는 전체적으로 예수그리스도의 복음을 자신의 경험과 신앙을 토대로 예수님의 활동을 종합하여 자신의 신앙고백으로 남긴 서신이기 때문입니다.

특별히 복음서는 개인적으로 누군가의 치부를 드러내거나 지적하거나 누군가의 부끄러운 모습을 드러내기 위한 내용이 아니기 때문입니다.

마가는 마가복음을 남기면서 자신의 과거에 있었던 한 가지 중요한 사건에 대하여 소개하고 있는 장면이 마가복음14장 마지막 구절의 내용이기도 합니다.

예수님께서 십자가에 못 박히시기 전날 늦은 밤에 그 사건은 발생하였습니다.

그날 저녁에 예수님의 제자들 가운데 3년 동안 회계를 맡고 있었던 가룟 유다가 일당의 무리를 데리고 와서 예수님을 포박하고 잡아가는 것을 직접 눈으로 보게 되었습니다.

오늘의 본문 내용상으로 보면 마가는 집에서 잠을 자고 있다가 아마도 예수님을 잡으러 왔다는 이야기를 듣고 그 소식을 전하기 위하여 예수님이 기도하고 계셨던 집 뒤의 언덕으로 급하게 옷도 입지 못하고 이불을 두르고 달려 갔을 것입니다.

도착해보니 예수님은 벌써 잡으러 온 무리들에게 둘러싸여 있었습니다.

같이 있었던 제자들도 모두가 다 도망치고 없었습니다.

늦은 밤에 주변이 소란스러운 상황 가운데 무슨 일인지 확인을 하려고 붙잡히신 예수님을 뒤 따라갔던 마가가 예수님을 잡으러 온 무리들에게 잡히고 말았습니다.

순간적으로 위협을 느낀 마가는 자신이 벗은 것도 개의치 않고 두르고 있던 홑이불을 버리고 도망을 치고 말았습니다.

〈당시 옷은 목에서부터 발목까지 이어진 옷을 입었습니다. 입었던 옷은 밤에 잘 때에 덮는 이불이 되기도 하고 때론 바닥에 깔고 자는 이불로 사용하기도 하였습니다〉

예수님을 믿는다고 목숨을 아끼지 않고 믿음을 지키겠 노라고 고백하였을 마가는 눈 앞에 보이는 현실이 너무 무섭고 두려워서 도망을 치고 말았습니다.

마가는 도망자였습니다!

예수님께서 십자가에 못 박혀 죽으시는 현장에도 마가는 없었습니다.

물론 다른 예수님의 제자들도 모두가 도망을 친 상황이기도 하였습니다.

예수님이 부활하신 후에 예수님의 부활을 듣기는 하였지만 대부분 믿지 않고 있었습니다.

예수님을 3년 동안 따랐던 제자들도 믿지 않았습니다.

실제로 예수님이 부활하셔서 직접 제자들을 찾아오셨음에도 불구하고 믿는 제자들이 없었습니다.

"그 후에 열한 제자가 음식 먹을 때에 예수께서 저희에게 나타나사 저희의 믿음 없는 것과 마음이 완악한 것을 꾸짖으시니 이는 자기의 살아난 것을 본 자들의 말을 믿지 아니함일러라."(막 16:14)

이러한 제자들을 향하여 함께 예수님을 따랐던 무리들을 향하여 예수님은 직접 다시 찾아와 주셨습니다.

그 자리에는 비겁하고 나약하고 가증스러운 도망자였던 마가도 포함되어 있었습니다.

그럼에도 불구하고 십자가에 죽으시고 부활하신 예수님께서 다시 도망자였던 제자들과 믿는 자들을 찾아가시고 손을 내밀어 주셨던 그 용서와 사랑과 긍휼로 말미암아 이 땅에 하나님의 교회가 탄생하게 되었습니다.

굳이 설명을 하자면 교회의 시작은 도망자들의 모임이라고 해도 과언이 아닙니다.

도망친 사람들을 향하여 다가가신 예수 그리스도의 사랑으로 시작된 용서의 공동체가 교회이기도 합니다.

그 이후에 마가도 초대교회의 중요한 역할을 담당하면서 열정적으로 신앙생활을 하였습니다.

이러한 마가의 신앙생활 가운데 중요한 전환기를 맞이하는 상황을 맞이하게 되었습니다.

초대교회 당시에 가장 초대교회를 핍박하고 괴롭히고 고통을 주었던 사울이라는 사람이 다메섹이라는 지역에서 회심을 하고 예수님을 믿게 되는 소식을 듣게 되었습니다.

그러나 당시에 사울을 인정하는 사람들은 없었습니다. 오직 자신의 친척 어른 이였던 지도자 바나바 만이 사울을 인정하고 사울을 예수님의 제자들과 교회 사람들에게 소개를 하고 교제를 나누고자 하였지만 모두가 의심하는 눈초리와 경계를 하며 거리를 두었습니다.

"사울이 예루살렘에 가서 제자들을 사귀고자 하나 다 두려워하여 그의 제자 됨을 믿지 아니하니 바나바가 데리고 사도들에게 가서 그가 길에서 어떻게 주를 본 것과 주께서 그에게 말씀하신 일과 다메섹에서 그가 어떻게 예수의 이름으로 담대히 말하던 것을 말하니라."(행 9:26-27)

"또한 바리새인들의 중심적인 역할을 하였던 사울이 어느날 갑자기 자신들을 배신하고 예수 그리스도를 믿는다는 소식을 듣고 사울을 죽이려는 사람들이 있어서 예루살렘에도 머무르지 못하는 신세가 되었습니다. 사울은 결국 자신의 고향이였던 터어키의 다소로 돌아가게 되었습니다."(행 9:26-31)

그리고 초대교회에서 잊혀 져 갔던 사울은 시간이 흘러 13년 뒤에 예루살렘 교회에서 안디옥 교회의 선교 목사로 파송을 받은 바나바의 방문을 통해 다시 성경에 등장하게 되었습니다.

이러한 만남을 통하여 안디옥 교회에서 같이 행복하게 목회를 하면서 바울로 이름을 바꾸었던 사울은 성령의 인도하심을 받아 멘토였던 바나바와 함께 선교사로 파송을 받게 되었습니다.

이러한 바울과 바나바의 첫번째 선교여행에 같이 참여하겠다고 손을 든 사람이 있었습니다. 그 사람의 이름은 마가였습니다.

드디어 선교여행은 시작되었습니다. 아마도 마가에게 있어서 바울과 바나바와 함께 시작된 1차 전도여행은 가슴 뛰는 설레임의 연속 이였을 것입니다.

그렇지만 처음의 열정과 각오와 마음과는 다르게 구브로(지금의 키프로스) 지역을 지나 터어키 지역에 들어가서 맞이했던 척박한 환경은 마가를 지치게 만들었습니다.

마가는 예상을 뛰어넘는 육체적 정신적 고통과 어려움에 한계를 느끼게 되었던 것 같습니다.

특히 신앙적으로도 탈진을 하고 말았습니다. 실망과 좌절을 하게 되었습니다.

마침내 마가는 전도여행 도중에 견디지 못하고 바울과 바나바와도 아무런 상의나 허락도 없이 몰래 도망을 쳐서 예루살렘으로 돌아오고 말았습니다.

"바울과 및 동행하는 사람들이 바보에서 배타고 밤빌리아에 있는 버가에 이르니 요한은 저희에게서 떠나 예루살렘으로 돌아가니

라."(행 13:13)

　마가는 다시 중요한 순간에 자신의 사정과 상황과 안전과 만족을 위하여 도망을 치고 말았습니다.

　1차 전도여행을 마치고 예루살렘 교회에 무사히 돌아온 바울과 바나바는 1차 전도여행에 대한 보고를 한 이후에 다시 2차 전도여행을 준비하게 되었습니다.

　2차 전도여행을 준비하는 가운데 가장 사이가 좋았던 바나바와 바울이 한가지 중요한 문제 때문에 서로 논쟁을 하며 심히 다투게 되었습니다.

　바울과 바나바가 심하게 논쟁을 한 이유는 바울과 바나바의 2차 선교여행에 함께 가겠다고 손을 든 사람이 있었기 때문입니다. 누구라고 생각을 하십니까? 그렇습니다. 마가입니다.

　마가의 등장으로 말미암아 믿음의 동역자요 가족이며 동지였던 바울과 바나바가 서로 논쟁을 하며 갈라서게 되는 결과를 제공하는 중심적인 인물이 되기도 하였습니다.

　바나바와 바울이 심히 다투게 된 이유는 오직 한가지였습니다.

　바나바는 마가를 다시 데리고 2차 전도여행을 가자는 것 이었습니다.

　그러나 바울은 절대 안 된다고 반대를 하게 되면서 서로 논쟁을 하게 되었습니다.

"바나바는 마가라 하는 요한도 데리고 가고자 하나 바울은 밤빌리아에서 자기들을 떠나 한가지로 일하러 가지 아니한 자를 데리고 가는 것이 옳지 않다 하여 서로 심히 다투어 피차 갈라서니 바나바는 마가를 데리고 배 타고 구브로로 가고 바울은 실라를 택한 후에 형제들에게 주의 은혜에 부탁함을 받고 떠나니라."(행 15:37-40)

사도 바울이 보기에 마가는 정말 한심한 사람처럼 보였을 것입니다.

도저히 용서하거나 용납하기 어려운 신앙생활을 하는 위선자와 같은 사람처럼 보였을 것입니다.

사도 바울이 보기에 마가는 믿음으로 산다고 말은 하지만 실제적으로는 자신의 환경에 어려움이 있거나 손해가 되는 순간에 쉽게 신앙을 포기하고 책임을 회피하고 변명을 하는 인생으로 살아가고 있는 것처럼 보였기 때문입니다.

생각해보면 마가는 믿음을 가지고 있다고 하면서도 정말 중요한 순간마다 도망을 쳤던 인생을 살았습니다.

결국 당대에 가장 하나님의 인도하심을 누리며 영성을 가졌던 사도 바울마저 마가를 포기하고 말았습니다.

그러나 여기에 우리를 향한 하나님의 놀라운 반전의 은혜가 있습니다.

당시 사도 바울까지도 포기했던 마가를 하나님은 포기하지 않으셨다는 것입니다.

마가가 도망친 그 자리에서 예수님은 다시 마가를 만나 주셨다는 것입니다.

마가가 도망친 그 자리에서 예수님은 다시 돌아가게 하시려고 기다리고 계셨다는 것입니다.

마가가 도망을 칠 때마다 예수님은 언제나 도망친 그 자리에서 기다리고 계셨다는 것입니다.

그리고 결국에는 마가를 하나님의 신실하고 충성스러운 사람으로 사용하여 주셨다는 것입니다.

아니 그렇게 되기까지 포기하지 않으시고 주님께서 다가가 주시고 손을 내밀어 주셨습니다.

또한 마가는 최초로 복음서를 정리하여 남기게 되는 중요한 역할을 담당하게 되는 자리에까지 쓰임을 받게 되었습니다.

그가 남긴 복음서가 "마가복음"입니다. 〈베드로 복음서라고도 합니다〉

시간이 흐른 뒤에 사도 바울과 마가는 서로 화해를 하게 되고 복음을 위하여 함께 수고하는 열정을 나누는 관계로 이어지게 되었습니다.

사도 바울이 이 땅에서의 생애가 얼마 남지 않았음을 감지하면서 자신의 아들과도 같았고 후계자로서 에베소 교회의 목사였던 디모데에게 보낸 편지 내용 가운데 마가를 향한 진한 마음과 사랑을 표현하기도 하였습니다.

죽음을 앞두고 유언과도 같이 마지막으로 꼭 다시 한 번 만나고 싶은 사람에 대한 이야기를 부탁하게 됩니다.

"누가만 나와 함께 있느니라 네가 올 때에 마가를 데리고 오라 저가 나의 일에 유익하니라."(딤후 4:11)

저는 이 내용을 읽으면서 종종 눈물을 흘리기도 합니다. 사도 바울이 죽음을 앞두고 이 땅에서 마지막으로 다시 한 번 만나고 싶었던 사람이 마가 이었다는 사실을 생각하면서 늘 감동이 되곤 합니다.

마가는 항상 예수님을 믿는다고 하였지만 중요한 순간에 도망을 치는 인생을 살았던 사람 이었습니다.

어쩌면 신앙을 이용하여 자신의 만족을 얻기 위하여 달려왔던 시간들이 많았던 사람이기도 하였을 것입니다.

그러나 하나님은 그러한 마가를 향하여도 포기하지 않으시고 다가가 주셨습니다.

반복되는 실수와 실패와 도망치는 모습이 있을지라도 다가가 주셨습니다.

"신앙은 이러한 것입니다. 이것이 복음이고 은혜입니다. 우리를 향한 하나님의 사랑입니다."

마가에게 다가가셨던 그 손길을 우리 에게도 동일하게 주고 계시는 은혜의 증거가 복음입니다.

우리도 종종 신앙생활 가운데 도망을 치는 경우가 많다고 생각을 합니다.

그럼에도 불구하고 우리는 희망이 있습니다. 믿음이 가지는 특권이며 축복이 있습니다.

도망친 그곳에 주님이 먼저와 기다리고 계시다는 사실입니다.

이러한 사실을 다시 한 번 마가의 생애를 통하여 확인하시는 시간이 되시기를 바랍니다.

마가가 하나님의 쓰임을 받았던 것처럼 여러분 모두가 하나님의 놀라운 제자로 일꾼으로 점점 더 성장하며 아름답게 나아가시기를 소망합니다

"때론 우리는 도망칩니다! 그러나 한가지는 절대로 잊지 않으시기를 바랍니다. 우리가 도망친 그 자리에서 항상 예수님께서 우리를 기다리고 계십니다!"

예수님의 마음 따라잡기!

일본에서 사역하는 가운데 교회에서 저녁 늦게 행사를 마치고 가족들과 주택가의 좁은 골목을 통과하여 집에 돌아오게 되었습니다.

늦은 밤이기도 하고 주변에 사람들의 흔적이 없는 것을 살피면서 주택가의 사거리에 멈춤이라는 마크가 있는 곳을 속도를 줄이면서 잠깐 멈추고 천천히 운전하면서 좌회전을 하였습니다.

좌회전을 하는 순간 우회전 골목에 엔진을 끄고 숨어 있던 경찰차가 갑자기 싸이렌을 울리고 라이트를 켜고 우리 차를 세웠습니다.

완전 정차를 하지 않고 좌회전을 했기 때문에 벌금을 물어야 한다는 것 이었습니다.

순간적으로 저는 너무 화가 치밀어 올랐습니다.

결국에 감정을 주체하지 못하고 경찰관과 심하게 말다툼을 하게 되었습니다.

점점 제 감정이 고조되어 가는 가운데 차에 앉아 있던 큰딸이 저에게 들으라는 듯이 옆에 있는 엄마에게 이렇게 이야기를 했습니다.

"아빠는 선교사인데 저렇게 싸우면 안 되는 것 아니야!"

그 말을 듣는 순간 수치심과 부끄러움이 밀려왔습니다.

그 즉시로 경찰에게 사과하고 벌금 용지를 받고 집에 돌아왔습니다.

집에 돌아와서 그날 밤에 잠을 제대로 잘 수가 없었습니다.

벌금이 억울해서가 아닙니다.

많은 생각 가운데 하나님이 저에게 끈질기게 던지시는 질문이 있다는 것을 느끼게 되었습니다.

"만약, 저 경찰이 네가 섬기는 교회의 교인이었어도 그렇게 감정적으로 대했을까?"

"만약, 저 경찰이 네가 전도하기 위하여 기도하고 있는 사람이었다면 감정적으로 대했을까?"

제가 너무 가증하게 보일지도 모르지만 만약에 그 경찰이 같은 교회 교인이거나 전도 대상이거나 최소한 크리스챤이라고 했다면 저는 웃으면서 벌금 청구서를 받았을 것입니다.

오히려 용서를 구하고 깊이 저의 잘못을 먼저 사과하고 인정했을 것입니다.

지금 생각해봐도 너무 부끄럽고 지우고 싶은 시간이기도 합니다.

저의 부끄럽고 숨기고 싶은 경험을 통하여 저에게 주신 깊은 가르침과 깨달음이 있었습니다.

부끄럽지만 저의 나약했던 이러한 경험을 통하여 가장 간사하고 이기적이고 기회주의자이고 자기 중심적인 삶을 살아가고 있는 나를 위하여 죽으시기까지 베풀어 주신 십자가의 사랑을 조금 더 깊게 알게 되는 축복을 누리게 되었습니다.

예수님은 나의 가증스럽고 기회주의적이고 배려심이 없고 자기 중심적인 저를 바라보시면서도 저의 실체가 아니라 저를 향한 긍휼함과 인자하심의 마음을 따라 오히려 저를 가장 소중한 구원의 대상으로 생각하고 바라보고 계셨다는 것을 알게 되었습니다.

나의 그 어떠한 부족함이나 더러움이나 추함이나 가증함이 넘칠지라도 아버지가 사랑하는 아들을 바라보는 마음으로 나를 바라보고 계셨다는 사실을 새롭게 발견하게 되었습니다.

나와 상관없는 오히려 나의 실체를 보면 볼수록 하나님의 은혜를 받기에 불가능할 것 같은 인생을 향해 다가오셔서 주셨던 헤아릴 수 없는 주님의 마음을 묵직하게 느끼는 은혜를 누리게 되었습니다.

> "내가 의인을 부르러 온 것이 아니요 죄인을 불러 회개시키려 왔노라."(눅 5:32)

왠지 모르겠지만 숨어 있던 경찰의 행동을 보면서 사실은 그들보다 더 가증하고 이중적이고 교묘하게 선교사라는 이름으로 목사라는 이름으로 크리스챤이라는 이름으로 자신의 목적을 위하여 하나님을 이용하고 살아가는 저 자신의 모습을 적나라하게 발견하게 되었습니다.

그럼에도 불구하고 저를 향한 그 마음과 열정과 사랑을 멈추지 않으시고 오히려 더 다정스럽게 다가오시는 주님의 사랑이 너무도 가슴 벅차 눈물이 날 정도였습니다.

주님은 저에게 말씀하여 주셨습니다.

"해석아! 나는 네가 죄인이라는 것을 알고 있단다. 그래서 너를 사랑한단다."

우리는 알아야 합니다.

이러한 예수님의 마음과 성품과 자질과 책임을 부여 받은 사람들이 크리스챤입니다.

우리가 이러한 예수님의 마음과 자세와 사랑을 지키고 나누고 남기게 하시기 위하여 선별된 인생이라는 것을 말입니다.

그러하기에 우리의 모든 인생의 상황 가운데 좀 더 구체적으로 끊임없이 자문하며 지키며 행하며 붙잡아야 할 신앙의 질문들이 있습니다.

신앙 안에서 찬양을 하듯, 생활 가운데 모든 사람들을 향하여 아름다운 말을 하고 있습니까?

신앙 안에서 말씀을 듣듯, 생활 가운데 모든 사람들의 이야기를 귀담아듣고 계십니까?

신앙 안에서 기도를 하듯, 생활 가운데 모든 사람들을 향하여 진실함으로 다가가고 있습니까?

신앙 안에서 교제를 하듯, 생활 가운데 모든 사람들을 향하여 먼저 마음을 열고 있습니까?

신앙 안에서 봉사를 하듯, 생활 가운데 모든 사람들과 함께 기뻐하기를 노력하고 있습니까?

신앙 안에서 헌신을 하듯, 생활 가운데 모든 사람들을 향한 겸손과 섬김을 지키고 있습니까?

신앙 안에서 예수님을 믿듯, 생활 가운데 모든 사람들을 향해 예수의 향기를 유지하고 있습니까?

우리나라 대한민국! : 하나님 나라!

　예전에 세계 여행 다큐멘타리 영상을 보는 중에 네팔에서 4270m 나 되는 산악지대인 Zizing Bar라는 고산 지대에서 노란색으로 뒤덮인 천막을 치고 그 길을 통과하며 왕래하는 사람들을 위하여 간단한 차와 음식을 제공하는 가게가 있었습니다.
　영상을 통해 지나치듯 그 노란 천막 가게 안에 붙여 놓은 문구가 제 시선과 마음을 붙잡았습니다.

　　N - Never
　　E - End
　　P - Peace
　　A - And
　　L - Love

가게 주인은 아무 말도 하지 않았지만 저에게는 너무도 선명하고 분명하고 우렁차게 들려오는 마음을 때리는 소리가 있었습니다.

마치 저를 향해 자기의 조국 네팔을 향한 꿈을 들려주는 것 같은 닭살 돋는 감동을 경험하였습니다.

이러한 감동이 넘쳐 제 마음 가운데 잔잔하지만 파도처럼 깊숙하게 스며드는 가슴이 설레는 믿음의 흥분이 있었습니다.

제 마음 속에 새겨 놓았던 우리나라 대한민국을 향한 가슴 벅찬 고백이 선명하게 다가오기 시작하였습니다.

K - Kingdom of GOD

O - One way JESUS

R - Revival

E - Eternal life

A - Amen

예수 그리스도를 통해 만나게 된 제가 꿈꾸는 아름다운 나라입니다.

예수 그리스도를 믿는 모두에게 함께 만들어 보자고 고백하고 싶은 가슴 떨리는 외침입니다.

예수 그리스도를 믿음으로 살아가는 모두의 마음에 새겨진 아름다운 하나님의 흔적입니다.

예수 그리스도를 믿는 우리들을 만나는 모든 사람들에게 전해주어야 할 아름다운 고백입니다.

현실적으로 가난하고 환경적으로 험악하고 보기에도 누추하고 빈

약하고 허접 하게 보이는 네팔의 높은 산악 지대에 세워진 노란 텐트 속 문장을 통하여 함께 나누고 싶은 믿음의 도전이 있습니다.

우리가 함께 믿음으로 만들어 가야 할 나라를 향한 도전입니다.

네팔의 고산지대 노란 텐트 안에 붙여 놓은 글귀를 통해 느꼈던 감동에 지고 싶지 않은 선한 열망과 고집을 함께 간직하며 자랑하고 싶습니다.

믿음의 사람들의 영혼속에 새겨 주신 이 땅을 향한 하나님의 꿈을 자랑하고 싶습니다.

"하나님의 나라가 되는 꿈!"

"오직 예수 그리스도로 만족하는 꿈!"

"다시 회복되어 하나님의 기쁨이 되는 꿈!"

"영원한 하나님의 나라를 향해가는 꿈!"

"모든 것을 오직 주님께 만 맡기며 신뢰하며 기대하는 꿈!"

문득 저의 가장 순수했던 젊은 시절 매 순간마다 벅차도록 저의 심장을 뛰게 하였던 구호가 밀려옵니다.

언제부터 인가 자연스럽게 제 마음 속 꿈이 되어버린 외침이기도 하였습니다.

"민족의 가슴마다 피 묻은 그리스도를 심어 이 땅에 푸르고 푸른 그리스도의 계절이 오게 하자!"

우리나라 대한민국을 향한 하나님이 품으신 마음입니다.

우리나라 대한민국을 향한 우리가 품어야 할 소중한 마음입니다.

우리나라 대한민국을 향한 우리들에게 맡겨 주신 하나님의 부탁입니다.

우리나라 대한민국을 향한 하나님 나라의 꿈을 우리의 꿈으로 가슴에 새겨 나누어 주는 아름다운 발걸음이 이어지시시기를 소망합니다.

예수 그리스도를 믿음으로 살아가는 모두에게 주어진 모든 환경 가운데 언제라도 변함없이 같이 나누고 픈 고백이 있습니다.

정성이 담긴 따뜻한 차 한 잔을 건네듯이 세상을 향하여 특별히 우리나라 대한민국을 향하여 믿음의 사람들과 함께 외치고 싶은 고백이기도 합니다.

특별히 여러분들과 함께 손을 잡고 외치고 싶은 고백입니다.

"아멘! 주 예수여 오시옵소서!"(계 22:20)

우리는 무엇을 남길 것인가?

'호랑이는 죽어서 가죽을 남기고 사람은 죽어서 이름을 남긴다'라는 말이 있습니다.

제가 일본 나고야에 있을 때에 섬겼던 일본 교회에서 성도로서 충성되게 섬기시다가 최근에 67세의 많지 않은 나이에 암으로 투병을 하시다가 돌아가신 분이 계십니다.

저도 개인적으로 20년 넘게 알고 지내던 분이셨기에 마음이 너무 아프고 슬프고 힘든 소식이기도 하였습니다.

이곳에서 장례예배를 생방송으로 보면서 마음을 같이 나누는 가운데 제 개인적으로 마음을 크게 울렸던 장면이 있었습니다.

장례예배 중에 절친이셨던 성도분이 나오셔서 추억을 나누는 시간을 가졌습니다.

그분은 40년 전 교회 설립을 했던 당시부터 함께 개척 멤버이기도 하였고 교회의 회계(재정)를 30년 가까이 담당을 하셨던 분이셨습니다.

교회가 시작되었던 대학생 시절부터 교회를 위하여 나누었던 신앙의 열정과 시간과 추억을 나누며 몇 번에 걸쳐 굵은 눈물을 흘리셨습니다.

소중한 추억들을 회상한 후에 마지막으로 한가지 꼭 나누고 싶은 이야기가 있다고 하시면서 다음과 같은 이야기를 나누어 주셨습니다.

사실 교회의 회계를 맡았던 전임 책임자로서 해서는 안되는 이야기의 내용이기도 하였습니다.

교회에서도 민감한 개인의 헌금내역에 대하여 말하는 것은 오해와 갈등의 불씨가 되기도 하기 때문입니다.

"이 친구는 개척때부터 십일조를 한번도 빠지지 않고 드렸습니다.

또한 교회 건축헌금과 각종 구제나 선교에 관련된 헌금도 누구보다도 열심히 최선을 다하며 헌신했던 친구였습니다"

저는 이 내용을 들으면서 갑자기 눈물이 나오며 벅찬 감동과 전율을 느꼈습니다.

아시겠지만 단지 헌금을 많이 했다는 내용 때문이 아닙니다.

친구 되시는 분의 회상을 들으며 이분의 신앙생활이 마치 영상처럼 지나가면서 저 에게도 강한 도전과 감동과 위로를 주었기 때문입니다.

저도 모르게 저의 맘속에서 이러한 고백을 하게 되었습니다.

"아! 정말 참 크리스챤이였네!"

아마도 본인이 살아 생전에 이러한 이야기를 했다면 그렇게 까지는 감동을 받지 못했을 것입니다.

오히려 오해를 하거나 반감을 가졌을 것이라고 생각합니다.

회계를 맡았던 친구는 믿음으로 40년을 같이 신앙생활을 하다가 먼저 이 땅을 떠나 천국에 간 친구에 대하여 자기가 가진 최고의 표현으로 자랑하고 싶고 칭찬을 하고 싶었다는 것을 느낄 수가 있었습니다.

마치 이렇게 외치고 있는 것 같은 느낌을 받았습니다.

"여러분! 이 친구는 정말 멋진 크리스챤 이었습니다! 평생을 말씀대로 살려고 몸부림치며 최선을 다했던 진정한 크리스챤 이었습니다. 제가 그 증인입니다. 제가 보증할 수 있습니다. 정말로 예수님을 제대로 믿었던 친구였습니다"

예수 그리스도를 믿는 믿음으로 살아가는 우리들이 하나님의 나라를 향하며 나아가면서 계속하여 우리 스스로에게 던져야 할 질문이 있습니다.

"크리스챤은 이 땅에서 무엇을 남기는 사람인가?"

"크리스챤은 이 땅에서 무엇을 남기는 사람이여야 하는가?"

문득, 상상을 하게 됩니다. 문득, 질문을 하게 됩니다. 내가 이 땅을 떠나고 나면 나의 아내가 자녀가 가족들이 과연 나를 어떤 크리스챤으로 기억할까?

나를 알았던 많은 사람들이 과연 나를 어떤 크리스챤으로 기억할까?

나는 크리스챤으로서 무엇을 남겼던 사람으로 기억될까?

생각만해도 두렵고 부끄러워 제대로 얼굴을 들지 못하는 현재의 제 모습을 인정하게 됩니다.

동일하게 예수 그리스도를 믿는 믿음의 길을 걸어가는 모두와 함께 나누고 픈 마음의 질문이 있습니다.

여러분들은 무엇을 남기기 위하여 살아가고 있습니까?

여러분들은 무엇을 남기며 지금을 살아가고 있습니까?

여러분들은 무엇을 남긴 사람으로 기억되기를 원하십니까?

사도 바울이 누렸던 꿈을 같이 나누고 싶습니다.

바울의 고백이 우리의 고백이 되고 우리가 이 땅에서의 발걸음을 마친 후에 우리들을 향한 다음세대의 믿음들이 우리를 추억하며 나누는 고백이 되기를 꿈꾸어 봅니다.

"이 후로는 누구든지 나를 괴롭게 하지 말라 내가 내 몸에 예수의 흔적을 지니고 있노라."(갈 6:17)

우리는 하나님 나라의 원석(原石) 다이아몬드 입니다!

 옛날 아프리카에서 아이들이 무엇인가 반짝이는 돌맹이를 가지고 공기놀이를 하고 있었다고 합니다.
 마침 그 지역을 지나고 있던 탐험가가 멀리서 아이들이 노는 것을 보던 중에 태양 빛에 반짝이는 돌맹이를 가지고 노는 아이들 곁에 가 보니 그것은 다름 아닌 다이아몬드였다고 합니다.
 탐험가는 아이들에게 이 돌맹이를 어디에서 주었냐고 물었다고 합니다.
 아이들은 근처 산 속에서 버려진 돌 가운데 반짝이는 돌맹이를 주워 와서 놀고 있다고 말했다고 합니다.
 탐험가는 아이들에게 과자와 사탕을 나누어 주고 아이들에게 반짝이는 돌맹이가 있는 곳에 안내를 받아 빛나는 버려진 돌을 가져와 엄청난 이익을 얻게 되었다고 합니다.

우리는 종종 우리 자신들의 모습을 바라보면서 버려진 돌맹이 같다고 생각하는 순간들이 있습니다.

저 자신도 그런 생각을 가졌던 적이 있었습니다.

특히 사춘기 시절이던 중학생 때에 공부도 못하고 집도 가난하고 얼굴도 시커멓고 키도 작은 자신을 바라보며 자살에 대하여 막연하게 많이 생각한 시기이기도 하였습니다.

모두에게 제 자신이 방해가 되고 귀찮은 존재라는 생각을 떨칠 수가 없었던 시기이기도 하였습니다.

그때 헤아릴 수 없이 많이 했던 생각들이 있었습니다.

"내가 죽어도 아무도 관심이 없겠지! 내가 죽어야 부모님이 편하실 텐데! 나 같은 놈은 죽어도 돼! 죽어야 돼!"

과연 그럴까요? 저는 정말 그러한 존재일까요? 저는 그런 사람으로 태어났을까요?

아닙니다. 절대로 그렇지 않습니다.

아프리카 아이들에게는 단지 버려진 반짝이는 돌맹이에 불과 했지만 탐험가의 눈에는 그것이 다이아몬드로 보였다는 것입니다.

그 가치를 제대로 볼 줄 아는 시야와 전문성을 가지고 있었다는 것입니다.

우리 모두의 인생도 마찬가지입니다.

우리의 가치를 가장 잘 알고 계시는 우리를 창조하신 하나님께서 우리들을 향하여 말씀하십니다.

"내가 너를 보배롭고 존귀하게 여기고 너를 사랑하였노라.(사 43:4)"

예수 그리스도를 믿는 우리들은 모두가 하나님의 마음에 합한 "하나님 나라의 원석 다이아몬드"입니다.

그 누구도 한 사람도 빠짐없이 버려진 돌맹이가 아니라 가장 귀하고 가치가 있는 하나님의 원석 다이아몬드라는 것입니다.

다이아몬드 원석을 가장 가치 있는 다이아몬드로 탄생시키기 위해서 제일 중요한 것이 있다고 합니다.

그것은 누가 원석을 가공을 하느냐? 하는 것이 가장 중요하다는 것입니다.

누구의 손에 의하여 가공을 하는가에 따라 같은 다이아몬드 원석이라도 가치가 엄청난 차이를 가져온다고 합니다.

하나님은 우리들을 향하여 특별한 "하나님의 작품"이라고 말씀하여 주십니다.

"우리는 그의 만드신 바라 (우리는 하나님의 작품입니다) 그리스도 예수 안에서 선한 일을 위하여 지음 받은 자들입니다."(엡 2:10)

하나님만이 가지신 정확한 눈썰미로 우리들을 발견하시고 우리들을 손수 세공하시고 가공하시어 주신 결과가 바른 믿음입니다. 믿음의 성장과 성숙입니다. 믿음을 통한 성화와 헌신입니다.

하나님의 시선으로 선별하시고, 다듬어 주시고, 완성시키시고, 보증하시고, 인정하시고, 완전하게 납득하심으로 살아가는 사람들을 크리스챤이라고 말합니다.

우리는 가장 완벽하신 영혼의 감별사 되시는 하나님의 손길을 통해 구별되고 선별되어 정교하고도 완벽하게 빚어진 "하나님의 작품"입니다.

이것이야 말로, 우리에게 주신 믿음의 신비입니다!

우리에게 주신 믿음의 가치입니다! 우리에게 주신 믿음의 은혜입니다!

우리는 종종 자신 스스로의 모습을 보면서 길가에 버려진 돌맹이이라고 생각하는 순간도 많습니다.

사람들이 보기에도 딱히 특별하지 않은 그저 그러한 존재로 판단되고 취급을 받기도 합니다.

여러분, 그럴지도 모릅니다. 자신이 보기에도, 사람들이 보기에도, 그렇게 보일지도 모릅니다.

그렇지만 여러분! 절대로 속지 마시기를 바랍니다! 절대로 속아서는 안 됩니다!

아닙니다. 절대로 아닙니다!

우리 모두는 하나님의 가장 귀한 다이아몬드 원석과 같은 존재라는 사실을 잊지 마시기를 바랍니다.

역사를 초월하여 모든 인생의 완전한 감별사 되시는 하나님께서 우리들을 향하여 말씀하십니다.

"너희는 내가 보기에 세상에서 가장 귀하고 보배롭고 존귀하다!"

이것이 복음의 선물입니다. 이것이 복음의 중심입니다. 이것이 복음의 기적입니다.

믿음이란? 하나님의 손길을 통해…

진정한 나를 만나는 경험입니다. 진정한 나를 깨닫는 경험입니다. 진정한 나를 누리는 경험입니다. 진정한 나를 인정하는 경험입니다.

유일하게 인간의 진정한 가치를 아시는 하나님의 선택과 시야와 판단만을 신뢰함으로 진정한 자신의 가치를 발견하는 것이야 말로 가장 빛나는 인생입니다.

하나님을 믿는 우리들이 반드시 품고 간직하고 누려야 할 우리들만의 유일하고 독특하고 차별화된 마음이 있습니다.

"예수 그리스도를 품고 살아가는 우리들이야말로 하나님의 가장 빛나고 가치 있고 아름다운 다이아몬드 원석과 같은 존재들이라는 사실입니다!"

"우리는 하나님 나라의 가장 빛나는 다이아몬드와 같은 존재입니다!"

우리도 이어가야 할 당연하고 평범한 신앙생활!

앙겔라 메르켈 독일 전 총리는 18년 동안 능력, 수완, 헌신 및 성실함으로 8천만 독일인들을 이끌었다고 평가되고 있습니다.

그녀가 18년 동안 재임했던 기간을 통하여 그 어떠한 위반이나 비리는 없었다고 합니다.

그녀는 어떤 친척도 지도부에 임명하지 않았다고 합니다.

그녀는 영광스러운 지도자인 척하지 않았고 자신보다 앞선 사람들과 싸우지 않았다고 합니다.

그녀는 어리석은 말을 하지 않기 위하여 노력하였다고 합니다.

18년동안 한결같이 그녀는 입던 옷을 계속하여 착용하며 업무와 인터뷰에 임했다고 합니다.

총리 기간에도 집에서는 남편과 요리도하고 집안일을 분담하며 생활하였다고 합니다.

더 중요한 것은 총리로서 임기를 마친 지금도 메르켈은 다른 시민들처럼 평범한 아파트에 살고 있다는 것입니다.

그녀는 독일총리로 선출되기 전에도 지금의 아파트에 살았고, 지금도 그녀는 여기를 떠나지 않고 살고 있으며 별장, 하인, 수영장, 정원도 없다고 합니다.

메르켈 전 독일 총리의 삶은 그야말로 우리가 성경에서 배웠던 믿음의 삶을 사는 사람들이 당연하듯 나타내는 믿음 생활을 보여주는 것처럼 너무나도 정겹게 다가옵니다.

처음 시작된 초대교회 시대에 특별하지도 않게 예수 그리스도를 믿기에 당연하게 보여주었던 교회의 전통이며 생활이기도 하였기 때문입니다.

참된 크리스챤이라면 당연하게 이러한 생활을 하게 됩니다. 이러한 평가를 받게 됩니다.

이것이 우리가 말씀을 통해 배우고 알고 인정하는 너무도 당연하고도 평범한 신앙생활의 전통이기 때문입니다.

그런데 말입니다!

먼저 저 자신이 이러한 신앙전통의 평범함이 너무도 많이 부족하다는 사실을 알기에 부끄러워지는 것을 인정하게 됩니다.

더 속상한 것은 아쉽게도 평생 신앙생활을 해 왔는데도 불구하고 그것도 목사로서 선교사로 살아가고 있는 상황 가운데 수없이 많은 크리스챤들을 만났음에도 불구하고 메르켈 전 독일총리의 발걸음을 음미하면서 자랑스럽게 다음과 같은 말을 하지 못하는 저를 발견했기 때문인지도 모르겠습니다.

"내가 아는 이 크리스챤도 이렇게 살아가고 있는데!...이거 당연한 것 아니야!...내 주변 크리스챤들은 다 이러한 마음과 생각과 생활을 하고 있는데!..."라고 말하지도 생각하지도 못하고 있는 저 자신의 모습을 보면서 왠지 모를 허전함과 안타까움이 밀려왔기 때문입니다.

메르켈 전 독일 총리의 정치기간 동안의 삶과 변함없는 지금의 생활을 지켜보면서 숨길 수 없는 마음의 울림이 퍼져 듭니다.

저 스스로에게 들려주는 울림으로 다가오는 질문이 있습니다.

"해석아! 너는 예수님을 믿는 사람으로서 어떻게 살고 있니?"

성경에 등장하는 많은 믿음의 선조들과 앞선 세대를 살아가셨던 많은 믿음의 선배들과 지금도 변함없이 이 땅에서 보여주고 있는 강물처럼 흐르고 있는 아름다운 믿음의 전통들이 있습니다.

우리가 알아야 할 중요한 사실이 한가지 있습니다.

지금을 사는 우리들도 동일하게 믿음의 선조들이 만나고 누렸고 경험하였던 삼위일체 하나님을 믿으며 살아가고 있다는 것을 말입니다.

그러하기에 더 더욱 예수 그리스도의 가르침과 모범과 정신을 계승하며 믿음을 가지고 살아가겠다고 자부하는 우리들이 누려야 할 책임이 있습니다.

우리도 누군가의 자랑이 되고, 간증이 되고, 모범이 되고, 믿음의 행복 엔돌핀을 제공하는 믿음의 전통 계승자가 되어야 한다는 것입니다.

지금을 사는 우리들의 신앙생활을 통하여 믿음으로 살아가기를 소망하는 누군가에게 선한 기준과 바른 방향성을 나누어 주어야 합니다.

메르켈 전 독일 총리의 발걸음을 통하여 우리 모두에게 "믿음의 선한 승부욕"이 일어나기를 바랍니다.

믿음의 선한 경쟁의식과 빼앗기고 싶지 않은 선한 분함이 일어나기를 바랍니다.

예수 그리스도를 믿는 믿음으로 살아가는 우리가 이러한 영향력을 나누고자 갈급 하는 선한 몸부림이 일어나기를 소망합니다.

앙겔라 메르켈 독일 전 총리가 신실한 크리스챤이라는 사실이 너무도 행복하고 자랑스럽습니다.

그녀를 향한 세상의 평가 마저도 긍정과 선한 영향력을 발휘한다는 것이 자랑스럽기까지 합니다.

이제는 우리가 그 주인공이 되었으면 좋겠습니다.

여러분들이 그 믿음의 사람으로 당연하듯 평범하게 빛나기를 응원하고 싶습니다.

예수 그리스도를 믿는 믿음으로 오늘을 살아가고 있는 당신의 믿음의 발걸음을 통하여 세상을 향한 믿음의 도전과 자극과 용기를 나누어 주시기를 소망합니다.

한국의 메리켈이 우리가 모이는 교회가 있는 곳마다, 믿음으로 모이는 곳마다, 예수 그리스도를 고백하는 곳마다, 하얀 벚꽃처럼 노란 개나리꽃처럼 넘쳐나기를 소망합니다.

"그 꽃 한송이가 당신이 되시기를 간절히 소망합니다!"

우산 챙기는 것 잊지 마세요!

어느 시골 교회에서 그 해에 가뭄이 너무 심해서 목사님과 교인들이 모여서 특별 기도회를 하기로 하였다고 합니다.

매일처럼 햇살이 쨍쨍하고 구름 한 점 없는 날들이 이어가는 가운데 특별 기도회가 있는 그날도 날씨가 너무 화창하고 맑았다고 합니다.

저녁이 되어 교인들이 하나 둘 모이기 시작하는 가운데 한 소년이 우산을 들고 교회 예배당에 들어오는 것을 보고 목사님이 의아해서 물었다고 합니다.

"얘야! 이렇게 날이 맑고 화창한데 왜? 우산을 들고 오는거니!"

소년은 이렇게 대답을 했다고 합니다.

"기도하면 하나님이 비를 내려 주실 것 같아서요! 집에 갈 때에는 우산이 필요

할 것 같아서 들고 왔는데요!"

이 이야기를 들은 목사님은 충격을 받았다고 합니다.

이날 목사님은 자신의 믿음 없음을 회개하며 통곡하며 울부짖으며 기도회를 인도하였다고 합니다.

이 목사님의 모습을 통하여 숨겨진 저의 모습이 적나라하게 드러나는 것 같았습니다.

제 안에서 저를 향하여 울려 퍼지는 음성이 있었습니다.

"해석아! 정말 믿음으로 기도하고 있니?"

"해석아! 정말 믿음으로 기도하면 응답하시는 것을 믿니?"

"해석아! 정말 믿음으로 기도할 때 일하시는 하나님을 믿니?"

우리는 현재 코로나와 지구온난화의 직접적인 타격을 받으며 역사적으로 한번도 경험하지 못했던 어려운 시대를 살아가고 있습니다.

이러한 상황 가운데 수없이 많은 교회와 크리스챤들이 기도를 하고 있습니다.

특별기도회는 물론이고 다양한 이름과 내용을 담아 엄청나게 기도를 강조하고 기도를 교회 사역의 중심에 두고 노력하고 있는 작금의 현실을 피부로 느끼고 있습니다.

그런데 말입니다.

아이러니 하게도 지금의 교회와 크리스챤들이 세상 사람들 보다 더 고민이 많고, 걱정이 많고, 두려움이 많고, 근심이 많아 보이는 것처럼 느껴지는 것은 저만의 착각이기를 바라는 착잡한 간절함이 저에게 있습니다.

교회 안에 기도가 이어지고 있는데 소망을 품은 설레임이 넘치기 보다는 앞으로의 상황에 대한 두려움이 넘치고 있습니다.

예수 그리스도를 믿는다고 고백하는 사람들이 모이는 곳마다 늘 기도가 있는데 찬양과 감사와 기대가 아닌 걱정과 근심과 두려움이 이어지고 있습니다.

조심스럽게 묻고 싶습니다.

믿음으로 살아가는 가운데 믿음 안에서, 그 믿음 때문에, 그 믿음을 통한 기도를 통하여, 진정한 평안과 감사와 소망으로 행복한 신앙생활을 하고 계십니까?

앞으로 다가올 미래를 향한 하나님의 일하심을 신뢰함으로 기다림으로 가슴이 설레는 신앙생활을 하고 계십니까?

지금 이 시대를 향한 믿음의 질문을 함께 공유하고 싶습니다.

우리는 무엇을 믿는 것일까요? 우리는 기도를 왜 하는 것일까요?

우리는 어디를 바라보는 것일까요? 우리는 정말 하나님을 기대하고 있는 것일까요?

우리는 암담하고 앞이 보이지 않는 것 같은 이 시대를 향하여 더욱 믿음 안에서 다시 확신을 가져야 합니다.

지금이야 말로 더욱 응답 받는 기도를 해야 할 기회라는 사실을 발견해야 합니다.

기도를 통해 하나님은 우리의 모든 필요와 도움을 아시고 가장 명확하고 정확하고 완벽하게 응답하여 주시는 분이시기 때문입니다.

같이 누리고 싶은 기도의 마음이 있습니다. 같이 맛보고 싶은 기도의 자리가 있습니다.

같이 남기고 싶은 기도의 전통이 있습니다.

성령의 단비를 기대하며, 은혜의 단비를 기대하며, 소망의 단비를 기대하며, 응답의 단비를 기대하며……

함께 우산을 들고 주님이 부어 주시는 단비를 향해 나아가는 발걸음이 이어지기를 소망하여 봅니다.

함께 우산을 펴고 하나님이 부어 주시는 단비를 맞으며 주님과 함께 물장구치며 걸어가는 발걸음이 이어지기를 소망하여 봅니다.

주님과 함께 말입니다! 우리가 함께 말입니다!

하나님이 하염없이 쏟아 부어 주시는 단비를 맞으며, 함께 웃어 보고 싶습니다. 함께 걸어보고 싶습니다. 함께 안아보고 싶습니다.

함께 춤을 추고 싶습니다. 함께 뛰어보고 싶습니다. 함께 꿈을 꾸고 싶습니다.

함께 나아가고 싶습니다. 함께 행복하고 싶습니다.

온 마음과 사랑을 담아 다시 한 번 힘차게 외쳐 봅니다.

"우산 챙기는 것 잊지 마세요!"

응답 받는 영웅들의 전통!

한국에서 비가 오던 어느 날 카톡을 통하여 친구 두 명이 날씨에 관련된 내용을 보내 주었습니다.

한 친구는 비가 내리는 풍경을 다음과 같이 표현하여 보내주었습니다.

"비가 오니 마음이 우울하네!"

또 한 친구는 같은 비를 보면서 이렇게 저에게 보내 주었습니다.

"비가 아주 예쁘게 내리고 있네!"

두 친구의 카톡 내용을 보면서 먼저 한 친구에게 답장을 보냈습니다.

'비가 아주 예쁘게 내리고 있네!'이라고 보내 준 친구에게 물었습니다.

'왜! 무슨 좋은 일이라도 있어?'

친구는 마치 기다렸다는 듯이 제 옆에 있는 것 같은 설레임을 담아 이렇게 답을 주었습니다.

'내 아들이 오늘 직장에 취업을 하게 되어 너무 기분이 좋네!'

이런 날에 내리는 비라면 더욱 예쁘게 보이는 것이 당연하다는 생각과 납득을 하게 되었습니다.

저는 축하의 마음을 담아 다시 내용을 보내고 함께 축하해 주었습니다.

"비가 오니 마음이 우울하네!"라고 했던 친구에게는 오랜만에 직접 카톡으로 전화를 했습니다.

왜냐하면 짧은 문장이지만 보내준 내용을 보면서 친구가 지금 무척이나 힘들도 지쳐 있고 고독 하겠구나 라는 느낌을 받았기 때문입니다.

아니나다를까 친구는 무척이나 지치고 외롭고 힘들어 하고 있었습니다.

가장으로서 중요하게 자신이 고민하고 결정해야 할 선택을 앞두고 고민을 하고 있었습니다.

한참 동안을 이야기를 들어주면서 조금이나마 위로가 되기를 바라며 함께 했던 시간들이 있었습니다.

'같이 기도할께! 힘내길 바란다!' '넌 잘 할 거야! 내가 널 아니까!'

친구는 연신 고맙다고 했습니다. 힘이 난다고 하며 저 에게도 건강하라고 해 주었습니다.

비가 오니 마음이 우울하네!라는 내용을 보며 느꼈던 제 느낌이 틀리지 않았습니다.

당연한 이야기 이겠지만 하나님께서는 우리의 모든 것을 아시는 분이십니다.

우리의 작은 몸짓이나 말이나 행동에도 모든 것을 아시고 도우시는 분이십니다.

하나님은 모든 것을 초월하여 우리의 모든 것들을 알고 계시는 분이십니다.

제가 어렸을 때부터 종종 교회에 어머니를 따라 지하 기도실에 가면 밤마다 많은 여자 성도분들이 가슴을 치며 눈물로 통곡으로 기도를 하고 있었습니다.

갈때마다 느끼는 것 이였지만 평소와 다르게 행동하는 그분들을 보면서 어린 마음에 신기하기도 하고 무섭기도 하고 이상하기도 하였던 기억이 새록새록 합니다.

갈때마다 늘 변함없이 반복하여 들려오는 기도의 내용이 있었습니다.

"주여! 아버지! 주여! 아버지! 주여! 아버지! 주여! 아버지! 아버지! 도와주세요! 도와주세요! 하나님! 도와주세요! 도와주세요!"

무슨 주문을 외우듯이 반복하여 울부짖는 목소리와 반복되는 내용들을 보면서 조금 더 구체적으로 이성적으로 기도해야 하지 않을까 라고 생각했던 적이 많았던 것이 사실 저의 마음 이었습니다.

그런데 막상 시간이 흘러 저도 신앙 연수가 깊어지고 나이가 들어 보니 조금은 알게 되는 것 같았습니다.

검은 멍이 들도록 가슴을 내리치며 울부짖으며 외쳤던 어머니들의 이 고백이 가장 구체적인 간구의 내용 이였다는 것을 새롭게 발견하게 되었습니다.

하나님이 가장 잘 이해하시고 하나님이 들으시기에 가장 선명하게 들려오는 구체적인 기도의 내용과 자세가 이러한 것이라는 것을 인정하게 되었습니다.

너무 하고 싶은 말이 많은데, 너무 두려운 것이 많은데, 너무 도움이 필요한 것이 많은데, 너무 어이가 없고 억장이 무너지는 일들이 너무 많은데, 말로 하고 싶지만 도저히 말로는 마음을 전달할 수 없어서 외로움과 고독과 두려움과 서러움에 내뱉는 신음과 울부짖음의 고백 이였기 때문입니다.

"아버지! 하나님! 도와주세요!"

> "이와 같이 성령도 우리 연약함을 도우시나니 우리가 마땅히 빌 바를 알지 못하나 오직 성령이 말할 수 없는 탄식으로 우리를 위하여 친히 간구하시느니라."(롬 8:26)

위대한 이스라엘의 선지자요 예언자요 지도자였던 사무엘을 낳았던 믿음의 어머니 한나의 기도가 이러한 기도였습니다.

"한나가 속으로 말하매 입술만 동하고 음성은 들리지 아니하므로 엘리는 그가 취한 줄로 생각한지라 엘리가 그에게 이르되 네가 언제까지 취하여 있겠느냐 포도주를 끊으라."(삼상 1:13-14)

평생을 오직 하나님의 사람으로 살았던 사무엘 선지자를 지탱했던 믿음의 활력소는 어머니 한나의 가슴을 치는 울부짖음 이었습니다.

무슨 말을 해야 할지도 몰라 때리다가 멍든 가슴으로 외치는 단순한 반복적인 고백 이었습니다.

"하나님! 아버지! 도와주세요!"

지금을 사는 우리들의 기도는 어떠한 모습이라고 생각하십니까?

맞고 틀림의 문제는 아니겠지만 문득 우리의 기도가 너무 지적이고 아름답고 지식적이며 구체적이며 논리 정연하다는 느낌을 지울 수가 없습니다.

언제부터 인가 우리의 기도가 너무 무미건조하고 형식적이고 객관적이지는 않는지 돌아보게 됩니다. 물론 이러한 기도도 너무 소중하고 아름답다는 것을 인정합니다.

그럼에도 불구하고 이 시대를 향한 하나님의 영웅으로 살아가야 할 여러분들과 함께 나누고 싶은, 함께 누리고 싶은, 함께 이어가고 싶은, 믿음의 전통이 있습니다.

그 옛날 교회 지하실에서 눈물을 흘리며, 시커멓게 멍든 가슴을 치며, 흐느적거리며, 울부짖던, 믿음의 영웅들의 무릎이 우리의 전통으로 우리의 믿음으로 지켜지는 축복을 누리며 나아가시기를 소망합니다.

중언부언하듯 보였던 나의 어린 시절 그때의 영웅들의 외침이 오늘을 사는 우리의 외침으로 이어지기를 소망합니다.

여러분 모두가 진정한 영웅으로 그 전통을 이어가시기를 기대하며 축복 드립니다.

하나님의 영웅으로 부름 받은 여러분 모두를 향하여 들려주고 싶은 마음의 고백이 있습니다.

함께 그 자리를 경험하고 싶습니다! 함께 그 자리를 회복하고 싶습니다!

함께 그 자리를 지켜내고 싶습니다! 함께 그 자리를 이어가고 싶습니다!

함께 하나님의 영웅이 되어 여전히 그 자리를 향하여 나아가고 싶습니다!

왜냐하면 우리는 모두가 하나님이 세워 가시는 하나님 나라의 영웅이기 때문입니다!

인생 제대로 한 번 살아보기!

둘째 딸 주현이는 자라면서 저 하고 너무 성격이나 생각하는 것이 닮아서 자주 말싸움을 하곤 하였습니다.

특히 주현이가 고2때가 가장 심한 대립과 갈등을 맛보았던 시기이기도 하였습니다.

매일처럼 신경전을 벌이며 싸우고 야단치고 화를 내기도 하였습니다.

매일처럼 반복되는 이야기를 하곤 했습니다.

제발 공부 좀 해야지! 아침에 일찍 일어나야지! 밥은 앉아서 천천히 먹어라!

방 청소 좀 해라! 옷은 좀 단정하게 입어라! 등등...

저는 늘 야단을 치면서 습관처럼 말을 했습니다.

'다 너를 위해 하는 말이야! 다 너를 사랑하니까 하는 말이야! 다 너

를 걱정하니까 하는 말이야!'

그런데 사랑한다는 주현이와 저와의 관계는 점점 멀어지고 어색하고 경직되어 가고 있었습니다.

생각해보면 주현이가 유치원을 들어 가기전에는 정말 저와 너무 친했습니다.

그 당시에 제가 주현이와 친하게 지낼 수 있었던 이유를 생각해보니 그 비결이 있었습니다.

한 마디로 주현이를 향하여 제가 그 어떠한 것을 요구하거나 기대하거나 규칙을 정하지 않았다는 것 때문 이었습니다.

그 어떠한 것을 해도 사랑스럽게 받아주고 안아주고 인정하고 해결하여 주었습니다.

있는 그대로의 모든 것을 사랑하여 주었습니다.

무엇을 하든지 눈에 넣어도 아프지 않을 만큼 사랑했기 때문입니다. 사랑스러웠기 때문입니다.

그 사랑은 지금도 변함이 없는데 어느 순간부터 인가 제가 만든 규칙을 정하고 제가 만든 기준과 기대감을 가지고 주현이를 바라볼 때에 제 안에 분노와 화냄과 걱정이 있었던 지난 시간들을 발견하게 되었습니다.

하나님께서는 왜 우리들을 그 누구라도 변함없이 사랑해 주시는 것일까요?

생각해보면 우리들을 향한 기준이나 바램이나 규칙이 없기 때문이라는 것을 깨닫게 됩니다.

하나님은 우리들을 향하여 언제나 사랑하신다고 말씀하여 주십니다.

그리고 그 말씀처럼 우리의 그 어떠한 행동이나 모습과 상관없이 늘 사랑하여 주시는 분이십니다.

실수를 할 때에도 동일하게, 실패를 할 때에도 동일하게, 좌절을 할 때에도 동일하게, 약하고 부족하고 연약하고 게으르고 나태하고 불성실하고 무책임하고 자기 중심적이고 무례하고 책임감도 성실함도 열정도 노력도 없을 때에도 동일하게 우리들을 향한 사랑은 한번도 변하거나 바뀌거나 사라지지 않았습니다.

오히려 우리의 약함이나 부족함이나 연약함이 드러나면 드러날수록 더욱 사랑하여 주셨습니다.

그 이유는 너무 확실합니다. 우리들을 향한 하나님의 특별하고도 유일한 규칙이 있기 때문입니다.

하나님의 규칙은 단순 명료합니다.

"그 누구라도 있는 그대로의 모습 전부를 사랑하겠다고 정하신 변함없는 마음이 하나님의 규칙이기 때문입니다"

만약에 말입니다.

냉정하게 완전 무결하신 하나님의 기준이나 평가나 규칙을 통해 볼 때에 하나님께 사랑받을 만한 자격이나 생활을 하는 사람은 아무도 없을 것입니다.

그러나 우리는 지금도 변함없이 하나님께 나아갑니다. 언제라도 편하게 나아갑니다.

그 어떠한 죄나 약함이나 부족함이나 부끄러움이 있을지라도 하나님 앞에 나아갈 수 있습니다.

왜냐하면 하나님의 규칙은 우리의 그 어떠함이 아니라 우리를 향한 변치 않는 하나님의 사랑이 우리를 평가하시는 기준이기 때문입니다.

"내가 너희를 사랑한 것같이 너희도 서로 사랑하라."(요 15:12)

이제 우리가 나서야 할 차례입니다! 이제 우리가 누려야 할 차례입니다!

이제 우리가 남겨야 할 차례입니다! 이제 우리가 지켜야 할 차례입니다!

우리가 이러한 사랑의 마음을 품고 나아가기를 응원합니다.

우리에게 품게 하신 가장 품격 있는 사랑을 누리기를 진심으로 바랍니다.

우리에게 맡겨 주신 하나님의 사랑이 우리의 그 어떠한 기준이나 규칙이나 기대로 말미암아 소멸되거나 희석되거나 변질되지 않기를 소망합니다.

우리들에게 누리게 하신 사랑은, 절대로 상대방의 그 어떠함이 아니어야 합니다.

우리들에게 누리게 하신 사랑은, 절대로 상대방의 그 어떠한 반응이나 만족이나 성과가 아니여야 합니다.

우리들에게 누리게 하신 사랑은, 절대로 상대방의 그 어떠한 감사나 변화나 성장이 아니여야 합니다.

그렇습니다!

우리가 늘 누려야 할 사랑은, 하나님의 마음으로 다시 사랑하는 것입니다.

우리가 늘 누려야 할 사랑은, 하나님의 마음으로 그럼에도 불구하고 다시 사랑하는 것입니다.

우리가 늘 누려야 할 사랑은, 하나님의 마음으로 사랑하다가 가슴이 벅차서 견딜 수 없어서 다시 하나님의 마음으로 사랑하는 것입니다.

믿음은 다른 것이 아닙니다. 하나님이 우리를 사랑하신 것은 다른 것이 아닙니다.

우리를 선택하여 주신 것은 다른 것이 아닙니다.

제대로 한 번 사랑을 받게 하시려고, 제대로 한 번 사랑을 하게 하시려고, 제대로 한 번 사람 답게 하시려고, 제대로 한 번 만족을 하게 하시려고, 제대로 한 번 후회 없게 하시려고, 제대로 한 번 소망 품게 하시려고, 제대로 한 번 꿈을 품게 하시려는 하나님의 영원한 선물입니다.

인생의 성공적인 비행을 위한 영적 계기판

비행기 조종사들은 생명을 다루는 중요한 위치에서 능숙하고 안전한 비행을 위하여 조종사가 되기 위한 다양한 훈련을 받습니다.

모든 훈련이 다 중요하겠지만 특별히 비행을 위하여 계기 조종 훈련을 무엇보다도 중요하게 연습을 시킨다고 합니다.

이 훈련의 목적은 비행사가 비행기를 조정할 때에 자신의 감각이나 경험이나 판단을 의지하여 운행을 하지 않고 철저하게 설치된 비행 계기판을 신뢰하며 비행을 할 수 있도록 몸에 익히게 하는 훈련이라고 합니다.

비행사가 비행중에 자신의 감각이나 경험이나 지식을 신뢰하여 운행을 하다 보면 비행기가 상승한 것처럼 느낄지라도 어느 순간 지면에 충돌하는 경우가 있다고 합니다.

한번의 잘못된 판단으로 돌이킬 수 없는 결과를 가져올 수 있기 때문입니다.

우리들의 신앙 여정도 마찬가지라는 생각을 하게 됩니다.

우리는 신앙생활을 하는 가운데 때로는 눈에 보이는 현실에 방향을 맞추어 행동을 하기도 합니다.

우리는 신앙생활을 하는 가운데 때로는 우리 주변 사람들의 말에 이끌리어 판단하고 결정을 하기도 합니다.

우리는 신앙생활을 하는 가운데 때로는 스스로의 판단과 결정으로 행동을 하기도 합니다.

물론 스스로의 판단이나 결정을 무조건적으로 잘못되었다고 부인하는 것은 아닙니다.

또한 겸손하게 많은 주변 사람들의 충고나 현실적인 상황을 고려하지 말라는 것은 더더욱 아닙니다.

그럼에도 불구하고 우리의 인생 가운데 신앙 여정을 이어갈 때에 우리가 반드시 주의하고 조심하고 경계해야 할 부분이 있다는 것입니다.

왜냐하면 크리스챤은 하나님이 맡겨 주신 인생을 비행하는 영적 비행사이기 때문입니다.

우리의 인생 비행 가운데 가장 중요하게 영육 간에 익히고 숙달되어야 할 부분이 있다는 것을 놓쳐서는 안 된다는 것입니다.

우리는 모든 순간마다 믿음의 영적 계기판(성경말씀)을 통해 우리의 방향성을 최종적으로 확인해야 합니다.

우리는 하나님 나라를 향해 나아가는 영적 비행사이기 때문입니다.

현실적인 시선으로 본 것이나 우리들을 만족시키는 내용들을 들은 것이나 우리의 경험과 지식과 감각이 최종 판단의 기준이 되어서는 안 된다는 것입니다.

우리는 오직 하나님의 말씀에 의지하여 나아갈 때에 진정으로 올바른 신앙 비행을 하게 된다는 것을 믿음으로 신뢰하는 사람들이기 때문입니다.

이것이 우리의 고집이 되어야 합니다. 이것이 우리의 실력이 되어야 합니다. 이것이 우리의 자랑이 되어야 합니다. 이것이 우리의 전통이 되어야 합니다.

긴 시간동안 이집트에서 노예생활을 이어갔던 이스라엘 민족을 약속의 땅에 들어가게 하시려고 광야에서 40년 동안 인도하여 주셨던 하나님은 그들의 광야 여정 가운데 성공적으로 약속의 땅에 들어갈 수 있었던 비결에 대하여 다음과 같이 명확하게 설명해주고 계십니다.

> "여호와께서 너를 교훈 하시려고 하늘에서부터 그 음성을 너로 듣게 하시며 땅에서는 그 큰불을 네게 보이시고 너로 불 가운데서 나오는 그 말씀을 듣게 하셨느니라."(신 4:36)

우리는 신앙생활을 하면서도 순간 순간마다 현실적인 상황이나 판단이나 경험이나 지식을 통해 결정하고 진행하려는 유혹이 많은 것을 보게 됩니다.

이러한 가운데 우리는 더욱 우리의 영적 계기판(성경말씀)에 집중해야 한다는 것입니다.

모든 신앙 여정의 최종 판단과 선택과 결정과 진행의 기준이 우리들을 향하여 마음과 영혼과 육체에 설치하여 주신 영적 계기판(성경말씀)에 맞추어져야 한다는 것입니다.

하나님의 영적 비행사로 부름 받은 우리들에게 가장 안전하고 성공적인 비행을 위하여 우리들에게 장착해 주신 영적 계기판이 있기 때문입니다. 영적 메뉴얼이 있기 때문입니다.

"하나님의 말씀은 살았고 운동력이 있어 좌우에 날선 어떤 검보다도 예리하여 혼과 영과 및 관절과 골수를 찔러 쪼개기까지 하며 또 마음의 생각과 뜻을 감찰하나니."(히 4:12)

"모든 성경은 하나님의 감동으로 된 것으로 교훈과 책망과 바르게 함과 의로 교육하기에 유익하니 이는 하나님의 사람으로 온전케 하며 모든 선한 일을 행하기에 온전케 하려 함이니라."(딤후 3:16-17)

"주의 말씀은 내 발에 등이요 내 길에 빛이니이다."(시 119:105)

주의 영광의 나라를 향하여 날아가는 인생 여정 가운데 하나님이 모두의 완전한 승리를 위하여 건네어 주신 영적 계기판(성경)을 통하여 즐겁고 행복하고 안전하고 상쾌한 비행이 이어지시기를 소망합니다.

일을 안 하면 아플 것 같아요!

충청남도 청양에 있는 30년된 순두부 백반 집에서 30년 동안 청춘을 다 바쳐 가게를 이어 오신 주인 아주머니에게 리포터가 이제는 쉬어야 되지 않겠느냐고 물었을 때에 이분은 담담하게 말씀하셨습니다.

'이젠 일을 쉬면 더 아플 것 같아요! 가게에서 일 하는게 가장 편해요! 쉬는 것보다 일 하는 것이 나아요!'

평생을 바쳐 음식을 만들고 지칠 만도 하고 쉬고도 싶을 텐데 오히려 지금의 자리가 가장 좋고 떠나고 싶지 않다고 말하였습니다.

더하여 당신의 힘이 다하는 그날까지 음식을 만들고 싶다는 소박한 소망도 나누어 주셨습니다

이분의 이야기를 들으며 제 마음속에 잔잔하지만 묵직한 감동과 더불어 믿음으로 살아가는 저에게 다가온 도전이 있었습니다.

예수 그리스도를 믿는 저 에게도 이러한 열정에 비견할 멋진 믿음의 고백이 함께 이어지고 계승되기를 바라는 마음을 다시 한 번 품게 되었습니다.

신앙적으로 어렵고 힘들고 버겁고 두려운 시대 상황 가운데에도 하나님의 말씀을 청춘을 바쳐 전하였던 그 한 사람이 있었습니다.

그의 이름은 예레미야 선지자입니다.

온갖 어려움과 핍박과 고통과 외로움 가운데에도 최선을 다하여 하나님의 말씀을 전하는 가운데 예레미야는 오히려 더욱 핍박과 무시와 절망이 다가오는 상황가운데 더하여 고백을 합니다.

> "내가 다시는 여호와를 선포하지 아니하며 그 이름으로 말하지 아니하리라 하면 나의 중심이 불붙는 것 같아서 골수에 사무치니 답답하여 견딜 수 없나이다."(렘 20:9)

하나님의 복음을 전하지 못하게 된다면 예레미야는 참을 수 없는 마음에 미쳐버릴지도 모른다고 고백을 합니다.

예레미야는 만약 복음 전하기를 멈추라고 한다면 자신은 답답하여 죽을 것 같다는 고백을 합니다.

예레미야는 말 합니다. "복음을 전하지 않으면 아플 것 같아요!"

믿음으로 오늘을 사는 우리들에게 주는 묵직한 도전이며 한번쯤 같이 고민하고 싶은 믿음 정신이라는 생각을 강하게 느끼게 됩니다.

예레미야 선지자와 같이 우리의 마음을 다시 한 번 뛰게 하는 또 한 사람이 있습니다. 그의 이름은 사도 바울입니다.

사도 바울은 인생에서 가장 빛났던 청춘을 다 바쳐 복음을 전하며 산전수전 공중전까지 다 겪었던 인생을 살았습니다.

이러한 사도 바울의 고백이 우리를 긴장하게 만듭니다.
이러한 사도 바울의 고백이 우리를 설레이게 만듭니다.
이러한 사도 바울의 고백이 우리를 일어서게 만듭니다.
이러한 사도 바울의 고백이 우리를 나아가게 만듭니다.

> "내가 복음을 전할지라도 자랑할 것이 없음은 내가 부득불 할 일임이라 만일 복음을 전하지 아니하면 내게 화가 있을 것입니다."(고전 9:16)

사도 바울은 고백합니다.
"내가 복음을 전하지 못한다면 저는 미쳐서 죽을 것 같아요!" 정말, 짜릿하지 않습니까!!!

사도 바울은 복음을 전하면서 일상처럼 다가오는 계속되는 온갖 박해와 핍박과 어려움 가운데에도 멈추고 싶지 않은 것이 있다고 말합니다.

복음 전하는 일을 멈추게 되면 자신이 살아갈 의미가 없다고 고백합니다.

차라리 죽는 것을 선택하겠다고 고백을 합니다.

복음을 전하지 못한다면 아플 것 같다고 고백합니다.

영화 실미도의 안성기씨가 했던 대사에 비유하여 표현을 한다면 사도 바울은 이렇게 말하는 것입니다.

"나에게서 복음을 멈추게 하거나 빼앗으려면 먼저 나를 쏘고 가라!"

우리는 현재 무엇 때문에 아프게 살아가고 있는 것일까요?

한번이라도 복음을 전하는 것 때문에 아파해 본 적이 있으십니까?

진정한 마음을 담아 사랑을 통해 전해드리고 싶은 마음이 있습니다.

선지자 예레미야의 고백이 우리의 고백으로 이어지기를 소망합니다.

사도 바울의 고백이 우리의 고백으로 이어지기를 소망합니다.

이 시대의 예레미야가 우리가 되어, 이 시대의 사도 바울이 우리가 되길 꿈꾸어 봅니다.

예레미야 선지자와 바울의 고백이 이제는 우리가 함께 나누는 묵직한 함성이 되기를 바랍니다.

이제는 우리가 함께 나누는 양보할 수 없는 외침이 되기를 바랍니다.

이제는 우리가 함께 나누는 행복한 고집으로 손잡아 나아가고 싶습니다.

우리 에게도 이러한 고백들이 퍼져 나아가기를 소망합니다.

"복음을 하루라도 전하지 않으면 아플 것 같아요!"

"찬양을 하루라도 부르지 않으면 아플 것 같아요!"

"기도를 하루라도 멈추게 된다면 아플 것 같아요!"

"감사를 하루라도 잃어버리게 된다면 아플 것 같아요!"

"말씀 묵상과 하나님과의 예배를 하루라도 놓치게 되면 아플 것 같아요!"

용서와 사랑과 나눔과 헌신과 인내와 겸손과 섬김과 이 모든 것들을 하루라고 쉬게 되면 아플 것 같아요! 라는 고백이 우리 모두의 믿음의 고백이 되시기를 응원하며 축복 드립니다.

우리의 고백을 통해 다음세대가 이러한 꿈을 꾸게 해 주었으면 좋겠습니다.

우리 모두의 고백을 통해 다음세대가 선한 도전을 경험하게 되기를 소망합니다.

우리가 함께 이 시대의 예레미야와 사도 바울로 살아 내시기를 도전하며 응원합니다. 기대합니다.

일확천금 당첨번호 공개!

　제가 사는 호주에서 최근에 국민들에게 엄청난 화제가 되었던 뉴스가 있었습니다.

　호주에서 발행하는 로또가 있는데 계속 당첨자가 나오지 않았다고 합니다.

　1등 당첨 상금액이 쌓이고 쌓여서 그 총액이 한국돈으로 환산하면 1600억이나 되었다고 합니다.

　많은 호주 국민들이 일확천금의 부푼 꿈을 안고 로또를 구입했다는 이야기를 들었습니다.

　현재도 변함없이 세계적으로 로또가 인기를 누리고 있습니다.

　사람들은 현실적인 환경이나 처지나 생활을 벗어나기 위한 돌파구로 로또를 구입하기도 합니다.

　꿈이 이루어지고 행복이 채워질 것 같은 환상을 꿈꾸기도 합니다.

많은 사람들은 로또를 통하여 희망고문을 하기도 합니다.

그런데 아이러니하게도 로또에 당첨된 사람들의 소식을 들으면 우리를 당황하게 하는 부분이 있습니다.

로또를 통해 일확천금 같은 상금을 받은 사람들이 20년을 지난 후에 어떻게 살고 있는지에 대해 조사를 했던 리서치 기관의 결과 보고를 본 적이 있습니다.

어떤 결과가 나왔을 것이라고 상상하십니까?

질문을 듣는 순간부터 약간 싸한 느낌을 받으셨으리라 생각합니다.

맞습니다. 생각한 그대로입니다.

가정을 가졌던 부부들은 대부분 이혼을 했다고 합니다.

가족이나 친척이나 친구들 과의 관계도 엉망진창이 되었다고 합니다.

마약 중독이 되거나 파산을 하거나 심한 경우에는 자살한 사람들도 많았다고 합니다.

그럼에도 사람들은 지금도 계속하여 일확천금을 기대하며 로또를 구입합니다.

로또를 구입하여 일등 당첨을 기대하는 모든 사람들은 빠짐없이 다들 말을 합니다.

"내가 당첨되면 나는 다를 거야!"

"나는 좀 더 보람 있고 의미 있고 가치 있는 인생을 살아낼 자신이 있어!"

"나는 다른 사람들과는 다르니까!"

정말, 그럴까요? 다시 한 번 묻고 싶은 질문입니다.

세상과는 반대로 당첨이 되면 그 누구라도 빠짐없이 행복하고 만족하고 즐겁고 함께 나누고 픈 일확천금을 하나님 나라에서도 우리들을 위하여 특별히 준비하여 주셨습니다.

궁금하지 않으십니까? 손에 쥐고 싶지 않으십니까? 그 주인공이 되고 싶지 않으십니까?

그 어마 무시한 축복을 모두에게도 맛보게 하고 싶습니다.

이 땅을 살아가는 우리들을 향하여 하나님이 준비하여 주신 일확천금 로또 번호를 여러분 들에게도 알려드리고자 합니다.

하나님이 우리들에게 제시하시는 상금 액수는 그야말로 일확천금의 최고봉이라고 해도 과언이 아닙니다.

몇 억 몇 조의 수준과는 비교가 안될 정도로 어마 무시한 가치를 가지고 있기 때문입니다.

돈으로도 살 수 없고 이 세상 그 어떤 것으로도 가질 수 없는 영원한 가치를 당첨금으로 준비하여 주셨기 때문입니다.

더욱 놀랍고 대단한 것은 누구라도 당첨될 수 있고 누구라도 동일하게 일확천금의 최고봉의 혜택을 누리게 하신다는 것입니다.

당첨 번호만 알고 있다면 말입니다!!!

예수님의 제자였던 사도 요한이 알고 있었던 번호이기도 합니다.

사도 요한이 믿음으로 살아가는 우리들을 위하여 공개한 모두에게 알려주고 싶었던 번호이기도 합니다. 그 당첨번호를 공개하도록 하겠습니다.

이 번호를 믿음으로 품고 믿음으로 하나님 앞에 제시하면 누구라도 하나님의 은행에서 받게 되는 일확천금의 최고봉이기도 합니다.

사도 요한이 누렸던 일확천금의 당첨번호를 공개하도록 하겠습니다.

[316 - 524 - 738 - 1406 - 1427]

"하나님이 세상을 이처럼 사랑하사 독생자를 주셨으니 이는 저를 믿는 자마다 멸망치 않고 영생을 얻게 하려 하심이니라."(요 3:16)

"내가 진실로 진실로 너희에게 이르노니 내말을 듣고 나 보내신 이를 믿는 자는 영생을 얻었고 심판에 이르지 아니하나니 사망에서 생명으로 옮겼느니라."(요 5:24)

"나를 믿는 자는 성경에 이름과 같이 그 배에서 생수의 강이 흘러 나리라."(요 7:38)

"예수께서 가라사대 내가 곧 길이요 진리요 생명이니 나로 말미암지 않고는 아버지께로 올 자가 없느니라."(요 14:6)

"평안을 너희에게 주노니 곧 나의 평안을 너희에게 주노라 내가 너희에게 주는 것은 세상이 주는 것 같지 아니하니라 너희는 마음에 근심도 말고 두려워하지도 말라."(요 14:27)

지금 당장 사도 요한이 알려주는 이 번호를 들고 하나님의 은행으로 달려 가시기를 바랍니다.

24시간 주야 대기입니다. 언제라도 방문 가능합니다. 세금공제도 없습니다. 일시불로 제공됩니다.

신분확인도 하지 않습니다. 누구라도 동일하게 지불하여 주십니다.

영원한 생명과 영원한 행복과, 영원한 소망과 영원한 만족과, 영원한 희망과 영원한 평안을 주는 하나님이 준비하여 주시는 일확천금의 최고봉이 여러분들을 기다리고 있습니다.

누구에게 라도 열린 은혜입니다. 누구에게 라도 주는 은혜입니다. 누구에게 라도 같은 은혜입니다.

세상이 제시할 수 없는 진정으로 가장 가치가 있고 의미가 있는 일확천금의 최고봉입니다.

진정한 일확천금을 원하십니까? 진정한 만족과 행복과 소망과 여유와 해갈을 원하십니까?

지금! 그 주인공이 될 수 있습니다.

지금! 그 주인공이 되어 주시기를 바랍니다.

지금! 그 주인공이 되어 영원한 만족을 누리시기를 바랍니다.

저자직강

50대 중반을 향하는 가운데 아직은 몸도 마음도 젊다고 생각하며 살아가고 있지만 요즘 비슷한 연령대의 사람들을 만나면 대부분의 이야기가 자연스럽게 건강에 관한 내용으로 이어지는 것을 발견하게 됩니다.

각자에게 나타나는 몸의 변화를 공유하며 서로 다양한 증상에 대하여 진단을 하기도 합니다. 서로의 경험이나 지식이나 정보를 통하여 처방전을 내리기도 합니다.

서로 이야기를 나누다 보면 어떤 경우에는 전문의사보다 더 진지하게 확신을 가지고 처방을 하거나 진단을 하는 경우도 많습니다.

냉정하게 이야기를 하자면 각자의 증상에 맞는 전문의를 직접 찾아가 문의를 하는 것이 가장 확실한 대책이며 해결방법이라는 것을 알면서도 말입니다.

현대 사회에서 믿음생활을 하는 많은 신앙인들이 언제부터 인가 자신의 취향에 맞는 설교자나 관심이 있는 설교나 강의를 들으며 하나님의 뜻을 발견하기도 합니다.

다양한 신앙활동을 통하여 믿음의 성장과 해답과 방향성을 발견하기도 합니다.

경우에 따라서는 이것이 얼마나 위험한 결과를 초래하는지에 대하여 우리는 진지하게 고민해 볼 필요가 있다는 생각을 하게 됩니다.

참고로 저는 설교자나 다양한 종류의 강의를 무시하거나 경시하거나 부인하는 것은 절대로 아님을 밝혀드립니다.

저 개인적으로도 선교사의 신분으로 일본교회 사역을 하면서 매주 강단에 서서 말씀을 선포하는 자리에 있기 때문입니다.

그럼에도 불구하고 우리는 언제부터 인가 점점 더 성경말씀을 저자직강(삼위일체 하나님)으로 듣지 않는 신앙생활을 하고 있지는 않는지 돌아보아야 한다는 것입니다.

하나님의 마음과 뜻과 계획을 가장 명확하고 확실하고 분명하게 가르쳐 주실 저자직강인 성경을 통하여 직접 듣는 수고와 열심과 열정이 사라지고 있습니다.

"믿음은 들음에서 나며 들음은 그리스도의 말씀으로 말미암느니라."(롬 10:17)

준비된 설교자의 설교나 강의도 훌륭하고 가치가 있고 의미가 있습니다. 연구와 노력과 경험과 실력을 통하여 만들어진 다양한 종류의 세미나나 종교서적도 물론 필요하다고 생각을 합니다.

그렇지만 성경저자의 직접 강의해 주시는 성경을 믿음으로 직접 듣고 묵상하고 적용하며 듣는 설교는 더욱 깊은 은혜를 가져오게 되게 때문입니다.

저자의 직강인 성경을 통하여 만나게 되는 다양한 종교관련 서적이나 문화들은 더욱 맛나고 달콘하고 깊은 도전과 감동으로 다가온다는 것을 놓쳐서는 안 된다는 것입니다.

우리에게 성경을 주신 이유는 오직 한가지입니다.

인류 최고 최강의 완전무결하시고 완벽하신 저자직강(삼위일체 하나님)의 성경이 주는 지혜를 모두가 차별없이 누리기를 원하시는 하나님의 특별한 은혜이며 배려이며 축복입니다.

한국에서 인생의 중요한 분기점에 있는 수험생들이나 국가시험을 앞둔 사람들은 유명한 학원강사의 직강을 듣기 위하여 새벽을 깨우고 돈을 아끼지 않고 조금이라도 가까운 곳에서 강의를 듣고자 최선을 다합니다.

성경은 하나님께서 믿는 우리들을 위하여 인생을 살아가는 가운데 가장 중요한 순간마다 해답을 주시기 위하여 특별하게 마련하여 주신 저자 직강의 무대이며 강의실이며 구별된 장소입니다.

세상은 절대로 알지 못하는 진정한 지혜와 해답과 해결의 원천을 제공하기 위하여 마련된 영혼의 보물창고 이기도 합니다.

"믿음으로 살아가는 우리에게만 제공되는 특별 수업입니다"
"믿음으로 살아가는 우리에게만 허락되는 특별 만남입니다"
"믿음으로 살아가는 우리에게만 다가오는 특별 찬스입니다"

정말 믿음이 성장을 원하고 계십니까? 정말 인생의 해답을 원하고 계십니까?

정말 행복의 비결을 원하고 계십니까? 정말 문제의 해결을 원하고 계십니까?

정말 진정한 만족을 원하고 계십니까? 정말 성공한 인생을 원하고 계십니까?

우리의 모든 것을 창조하시고 우리의 모든 것을 알고 계시고 우리의 모든 것을 가장 아름답게 인도하여 주시고 정확하게 답을 제시하여 주시는 저자직강의 성경을 펼치시기를 바랍니다.

다른 그 어떤 곳이 아닌 성경속으로 지금 바로 들어가시기를 바랍니다. 직접 성경을 통해 가장 확실한 만족과 해결과 성공을 누리시기를 바랍니다.

성경은 우리의 육신과 마음과 영혼의 모든 약함과 부족함과 연약함을 완벽하게 치료해 줄 유일한 만병통치약입니다.

지금 우리 인생의 저자 이신 하나님의 직접 강의를 들어 보시기를 바랍니다.

"성경은 우리 인생을 향한 특별하고도 확실한 저자 직강입니다! 저자 특강입니다!"

CHAPTER 3

가을 :
목격자의 고백

가을 - 목격자의 고백 〈누가복음〉

　누가복음을 적은 누가의 생애 가운데 낙엽처럼 넘치는 풍성한 은혜로 누가에게 다가와 가을의 단풍처럼 수놓아 주신 감동과 감격의 간증을 통하여 오늘을 사는 우리들 에게도 동일하게 건네어 주시는 하나님의 선물을 기대하는 믿음으로 나아가시는 모두가 되시기를 소망합니다.

　누가를 소개하면서 빼놓을 수 없는 사람이 있습니다. 그는 사도 바울입니다.

　누가는 사도 바울이 2차 전도여행 가운데 믿음을 가졌던 사람으로 등장하고 있습니다.

　사도 바울이 1차 터어키 일부 지역의 전도여행을 마친 후에 성공적으로 전도여행을 마치고 다시 예루살렘으로 돌아오게 되었습니다.

　그리고 다시 준비를 하고 1차 전도여행때 세웠던 교회들을 돌아보기 위하여 2차 전도여행을 떠나게 되었습니다.

2차 전도 여행 가운데 사도 바울의 인생과 선교 사역에 있어서 빼놓을 수 없는 소중한 두 사람과의 만남을 가지게 됩니다.

그것은 나중에 사도 바울의 후계자요 제자가 되었던 청년 디모데와의 만남입니다.

그리고 또 한 사람은 평생 죽음의 자리까지도 함께 곁에 있어 주었던 누가와의 만남입니다.

사도 바울을 통하여 예수 그리스도의 복음을 받은 이후로 끝까지 곁에서 같이 동역을 하였던 그 사람이 바로 누가라는 사람입니다.

누가는 성경을 볼 때에 직업이 의사였던 것으로 보입니다.

누가는 유대인이 아닌 이방인으로서 예수 그리스도를 믿은 사람으로 등장하고 있습니다.

사도 바울은 2차 전도여행을 하는 가운데 성령의 인도하심을 받아 자신이 1차 전도 여행을 통하여 개척하였던 터어키 지역을 중심으로 사역을 하려던 것을 멈추고 당시의 유럽 땅을 향하여 복음을 전하라는 하나님의 명령에 순종하여 모든 계획을 뒤로하고 유럽을 향하여 나아가게 되었습니다.

그 선교 여행에 함께 동행하였던 한 사람이 누가이기도 하였습니다.

"밤에 환상이 바울에게 보이니 마게도냐 사람 하나가 서서 그에게 청하여 가로되 마게도냐로 건너와서 우리를 도우라 하거늘 바울이 이 환상을 본 후에 우리가 곧 마게도냐로 떠나기를 힘쓰니 이는 하나님이 저 사람들에게 복음을 전하라고 우리를 부르신 줄로 인정함 이러라."(행 16:9-10)

시기적으로 볼 때에 누가는 사도 바울을 통하여 예수님을 인격적으로 믿은 후에 얼마 지나지 않아 구체적으로 헌신을 하게 되었던 것을 발견하게 됩니다.

누가는 사도 바울을 통하여 예수 그리스도에 대하여 알게 되고, 듣게 되고, 배우게 되고, 믿게 되었을 것입니다.

무엇보다도 누가는 사도 바울의 복음을 향한 열정을 보면서 마치 자기의 눈 앞에 직접적으로 예수 그리스도가 살아 계시는 것 같은 느낌을 받았을 것입니다.

또한 복음을 위하여 죽음을 두려워하지 않고 담대하게 확신과 열정을 가지고 나아가는 사도 바울의 모습이 그의 가슴을 뛰게 하였을 것입니다.

이러한 누가의 확신이 이어져 누가는 바울과 함께 전도자의 길을 걷기로 결단하게 되는 결과를 가져오게 되었습니다.

성령의 인도하심을 따라 시작된 2차 전도여행을 통하여 처음으로 들어가게 된 지역이 빌립보 지역 이었습니다.

그곳에서 유럽 최초의 교회를 세우고 사도 바울이 그 지역을 떠나 다른 지역을 전도하기 위하여 나아가는 가운데 신뢰함과 믿음으로 이제 막 개척된 빌립보 교회에 리더로 책임자로 지도자로 남겨두었던 사람이 바로 누가였습니다.

누가는 사도 바울의 가르침을 따라 빌립보 지역에 남아 교회를 섬기는 리더의 역할을 충실하게 담당하게 되었습니다.

하나님의 인도하심 가운데 가장 먼저 세워진 유럽 최초의 교회인 빌립보 교회에 책임자로 누가를 남겨놓을 정도로 누가는 사도 바울에게도 인정받는 신실한 믿음을 가지고 있었습니다.

누가는 빌립보 교회에서 3년 정도를 섬기고 있다가 그 이후에 사도 바울과 합류하여 예루살렘으로 들어가게 되고 로마에 들어가 사도 바울의 마지막 생애를 같이하는 자리를 걸었던 인생을 살았습니다.

사도 바울이 빌립보 지역에 교회를 세우고 누가 자신이 빌립보 교회에 남게 된 장면을 이렇게 표현하고 있습니다.

"저희가 암비볼리와 아볼로니아로 다녀가 데살로니가에 이르니 거기에 유대인의 회당이 있는지라."(행 17:1)

그리고 3년 뒤에 다시 사도 바울 일행과 재회를 하는 장면을 누가는 이렇게 소개하고 있습니다.

"우리는 무교절 후에 빌립보에서 배로 떠나 닷새 만에 드로아에 있는 그들에게 가서 이레를 머무니라."(행 20:6)

바울의 선교 활동을 위하여 끝까지 바울을 물질적으로 정신적으로 신앙적으로 도왔던 교회가 빌립보 교회이기도 하였습니다.

이러한 믿음의 동역에 함께함을 누릴 수 있는 중요한 다리 역할을 했던 사람이 누가였다는 것을 우리는 쉽게 짐작할 수 있기도 합니다.

특별히 사도 바울은 선교 여행을 모두 마친 후에 로마의 감옥에서 빌립보 교회에 보낸 편지에서 지나온 선교 여행의 시간들에 대한 특별하고 구체적인 감사의 내용을 적고 있습니다.

"빌립보 사람들아 너희도 알거니와 복음의 시초에 내가 마게도냐를 떠날 때에 주고받는 내 일에 참예한 교회가 너희 외에 아무도 없었느니라."(빌 4:15)

ピリピの人たち。あなたがたも知っているとおり、福音を宣べ伝え始めたころ、

私がマケドニアを出たときに、物をやり取りして私の働きに関わってくれた教会はあなたがただけで、ほかにありませんでした。
ピリピ4:15

사도 바울이 마지막 인생의 끝에서 다시 한 번 누가에 대한 마음을 표현하고 감사를 전해주고 있습니다.

"누가만 나와 함께 있느니라 네가 올 때에 마가를 데리고 오라 저

가 나의 일에 유익하니라."(딤후 4:11)

사도 바울의 말과 행동과 신앙의 균형적인 모범을 보면서 누가는 점점 더 자신의 인생을 예수 그리스도에게 드릴 가치가 있는 분이라는 확신을 가지게 되었을 것입니다.

스승 이였던 사도 바울이 만난 예수 그리스도를 더욱 알고 싶고 배우고 싶고 경험하고 싶은 열정을 가지게 되었습니다.

사도 바울을 도와 평생을 같이하는 믿음의 동역자로 나아가기를 고백하고 결단하기에 이르렀습니다.

이방인 이였던 누가는 바울 사도를 통하여 믿게 된 예수 그리스도를 자신과 같은 처지에 있는 세상 모든 사람들에게도 제대로 정확하게 소개하고 마음이 불타오르고 있었습니다.

이러한 누가를 향한 사도 바울의 지원과 응원과 협력은 너무도 놀라운 결과를 가져왔습니다.

또한 구체적으로 예수 그리스도에 대한 자료와 내용들을 수집하는 가운데 사도 바울의 소개를 받아 예수 그리스도와 관련된 다양한 사람들을 직접 만나 그 기록을 남길 수 있는 은혜와 지혜와 환경과 사람을 하나님께서 예비하여 주시고 성령의 인도하심을 경험하게 되었습니다.

〈누가는 역사적인 지명이나 인물이나 배경을 객관적으로 남기면서 예수 그리스도의 생애를 세상 모든 사람들에게 알려주고 싶은 마음이 있었습니다. 특별히 누가는 예수 그리스도의 탄생 과정과 성장에 대하여도 역사적인 사실에 근거하여 남기고 있습니다〉

무엇보다도 당시 유대인이 아닌 이방인 이였던 누가가 예수 그리스도의 생애를 남긴다는 것은 그리 간단한 일이 아니었습니다.

그럼에도 불구하고 하나님은 불가능 할 것 같은 환경을 넘어 성령의 인도하심을 통하여 오히려 누가의 재능과 경험과 실력을 통하여 복음서를 남기는 자리에 서게 하셨습니다.

그리고 그가 남긴 복음서가 "누가복음"입니다.

당시의 종교적 전통이나 고집이나 상황에 비춰어 본다면 절대로 불가능 한 인물을 통하여 하나님은 세상을 향한 복음을 소개하시기 위하여 누가를 사용하여 주셨습니다.

누가는 예수 그리스도를 직접 만난 적이 없는 사람입니다.

유대인의 역사나 전통이나 배경을 알지 못하는 사람이기도 하였습니다.

오직 사도 바울의 신앙과 인격과 생활을 보면서 예수 그리스도를 경험하게 되고 더욱 깊게 만나게 되는 축복을 경험하게 되었습니다.

그래서 사람들은 누가복음서를 바울복음서라고 말하기도 합니다.

누가복음을 정리하는 가운데 가장 중요한 도움과 역할을 했던 사람이 사도 바울 이였기 때문입니다.

이러한 누가는 예수 그리스도의 생애와 더불어 소개하고 싶은 또 하나의 선한 욕심이 있었습니다.

예수 그리스도를 믿음으로 시작된 초대교회를 소개하고 후대에 남기고 싶은 열망이 있었습니다.

무엇보다도 자신의 생애를 통하여 가장 많은 영향을 주었던 영적 스승 이였던 사도 바울의 생애를 통하여 일하신 하나님의 역사를 남기고 싶은 선한 욕심을 품고 있었습니다.

누가는 다시 성령의 인도하심을 의지하는 가운데 자료를 모집하기 시작하였습니다.

누가복음을 적은 이후에 일어난 초대교회에 나타난 하나님의 놀라운 일하심을 남기기 위하여 노력을 아끼지 않았습니다.

그리고 그 결과로 완성된 글이 "사도행전"입니다.

사실 엄밀히 살펴보면 누가가 적은 사도행전은 믿음으로 살았던 사도 바울의 선교 자서전과 같은 내용입니다.

사도행전 전체 28장에서 전반 부분을 빼고 7장부터는 사도 바울의 생애를 통하여 일하셨던 하나님의 역사를 정리하고 있기 때문입니다.

참고로 누가가 남긴 누가복음과 사도행전의 내용은 신약 전체의 27%를 차지할 정도로 중요한 역할을 담당하고 있기도 합니다.

누가는 사도 바울을 통하여 예수 그리스도를 만나게 된 사람입니다.

누가는 초대교회의 성도들을 보면서 예수 그리스도를 만나게 된 사람입니다.

누가는 자신의 믿음을 통하여도 사람들이 예수 그리스도를 만나기

원하는 인생을 살았던 사람이기도 하였습니다.

　누가는 누가복음과 사도행전을 통하여 우리에게 들려주는 도전이 있습니다.

　누가는 예수 그리스도를 믿는 우리들의 신앙 모범을 통하여 또 다른 누군가가 예수 그리스도를 만나는 사람들이 있어야 함을 도전하고 있습니다.

　누가는 예수 그리스도를 믿는 우리들의 신앙 모범을 통하여 지금을 사는 우리들의 시대에도 동일하게 자신과 같은 믿음의 사람들이 일어나기를 도전하고 있습니다.

　누가는 우리들의 교회를 통하여 다음세대가 예수 그리스도를 만날 수 있도록 도전과 경험을 주는 교회가 될 것을 도전하고 있습니다.

　"여러분 모두가 이 시대를 통하여 21세기의 누가복음을 사도행전을 남기는 주인공이 되는 모두가 되어 주시기를 바랍니다. 여러분들이 21세기의 누가가 되어 하나님의 역사를 남기는 발걸음이 되시기를 소망합니다."

　누가복음은 철저하게 이스라엘의 역사를 모르는 이스라엘 이외의 이방인들의 입장에서 세상 모든 사람들을 전도하기 위하여 쓰여진 내용입니다.

　누가는 이스라엘의 역사의 출발이 아담으로부터 시작되었음을 소개하면서 복음이 세상 모든 사람들을 위한 것이라는 것을 설명하고 있습니다.

　누가는 특별히 어린아이, 가난한 자, 세리, 죄인, 여인, 사마리아인, 이방인들을 향한 예수님의 사역을 강조하여 소개하고 있습니다.

특별히 탕자 비유와 십자가 위에서 죽음을 앞둔 한 죄인의 회개를 통해 예수님이 베풀어 주셨던 구원의 은혜가 어떠한 것인가에 대하여 설명하고 있는 특징을 가지고 있습니다.

누가는 복음이 모두에게 필요하다는 것을 말하고 싶었던 사람 이었습니다.

누가는 복음이 특별히 약하고 실패하고 나약한 사람들에게 주어지는 은혜이며 소망이라는 것을 말하고 싶었던 사람 이었습니다.

누가는 복음이 세상을 향한 유일한 빛이라는 것을 말해주고 싶었던 사람 이었습니다.

우리의 믿음이 이러한 누가와 같은 마음으로 계속하여 예수님과 동행하며 세상을 향하여 누가의 신앙 전통을 이어가며 지키며 전하는 발걸음이 되시기를 축복 드립니다.

이 시대를 통하여도 누가와 같은 믿음을 찾으시는 하나님의 마음을 향해 영혼의 마음을 통해 손을 들어 고백하는 주인공이 여러분들이 되시기를 축복을 드립니다.

누가는 누가복음과 사도행전을 통하여 지금도 우리를 향하여 도전하고 있습니다!

지금, 당신의 신앙은 누군가에게 선한 영향력을 미치고 있습니까?

지금, 누군가 당신의 믿음을 통하여 예수 그리스도를 만나고 있습니까?

Best one!이 아닌 Only one!이 되라

제 개인적으로 자녀를 키우면서 제일 조심하고 두 딸들에게 강조하며 가르쳤고 지금도 소중히 간직하며 지키고 있는 마음이 있습니다.

그것은 "절대로 서로 비교하지 말라는 것!"입니다.

먼저는 두 딸인 주은이와 주현이가 서로를 비교하지 않기를 바라는 마음입니다.

더불어 우리의 딸들이 자신의 모습을 다른 사람들과 비교하여 평가하지 않기를 바라는 마음입니다.

살아가면서 적어도 우리의 두 딸들에게 만이라도 자신과 누군가를 비교하는 습관을 가지지 말라고 강조하였고 지금도 그 마음은 변함이 없습니다.

세상 모든 자녀들이 부모로부터 받는 아픈 상처 가운데 하나가 누군가와 자신을 부정적으로 비교하는 부모의 행동이나 말을 들을 때에 더욱 깊은 상처를 받는다고 합니다.

사실 부모들도 자신이 누군가와 그 어떠한 것일지라도 비교를 당하거나 평가를 받게 되면 엄청난 상처를 받거나 흥분을 하기도 하는데 말입니다.

이 세상 그 어느 누구라도 자신이 누군가와 비교 당하는 것을 좋아하는 사람은 아무도 없을 것입니다.

예수 그리스도를 믿음으로 말미암아 우리에게 주시는 믿음의 특별한 특혜와 은혜와 신비가 있습니다.

하나님은 우리의 인생을 Best one이 아니라 Only one의 인생으로 인도하여 주신다는 것입니다.

인정하여 주신다는 것입니다. 평가하여 주신다는 것입니다.

하나님의 우리들을 향한 평가 기준은 상대 평가가 아닙니다.

언제나 변함없이 절대 평가입니다.

세상의 모든 종교나 사상이나 철학이나 관념들과 비교되는 예수 그리스도를 믿는 모든 인생들에게 주시는 독특하고 차원이 다른 신비와 가치와 의미가 믿음을 통해 발견되는 우리들을 향한 하나님의 기준이기 때문입니다.

우리의 인생이 이 세상에서 오직 하나뿐인 그 누구 와도 비교불가한 존재라는 것을 알게 하시고 누리게 하시려고 시작하신 하나님의 회복사역이 복음이기도 하기 때문입니다.

이스라엘 역사를 통하여 유일무이하게 최고의 신앙인생을 살며 가장 위대한 왕 이였던 다윗은 그의 생애를 통해 진정한 Only one의 신앙인생을 살게 하시려고 하나님께서 만나게 하신 운명과 같은 부자지간이 있었습니다.

아버지는 왕인 사울이였고 아들의 이름은 요나단 이었습니다.

현실적으로 본다면 다윗은 사울 왕과 요나단 왕자에게는 자신들의 부와 명예와 지위를 방해하는 걸림돌과 장애물과 같은 존재이기도 하였습니다.

하나님을 믿는다고 하면서도 세상 가운데 Best one의 인생을 살았던 사울 왕은 늘 다윗과 자신을 비교하며 최고가 되지 못하는 것에 대한 분노와 피해의식과 낙담으로 진정한 인생의 여정을 잃어버리고 말았습니다.

반대로 사울 왕의 아들 이였던 Only one의 인생을 살았던 하나님의 사람 요나단 왕자는 다윗을 보면서 특별하게 하나님이 쓰시기 위하여 세우신 하나님의 사람으로 인정하는 행복을 누렸습니다.

하나님을 믿는 믿음안에서 Only one의 인생을 누리며 살았던 요나단 왕자는 다윗이 자신을 위협하는 존재가 아니라 자신에게도 그러하셨던 것처럼 다윗만이 할 수 있었던 특별한 하나님의 부르심과 인도하심이 있음을 인정하며 즐거움으로 다윗을 응원하며 축복하였던 인생을 살았습니다.

어쩌면 우리 안에도 매일처럼 사울 왕과 왕자 요나단과 같은 마음이 치열하게 다툼을 이어가고 있는지도 모릅니다.

이 시대를 살아가는 우리들을 향하여도 하나님이 주시는 특별한 은혜와 도전과 부르심이 있습니다.

하나님께서 이 땅에서 우리를 믿음으로 부르신 구체적인 이유는 우리가 Best one의 인생이 아닌 Only one이 되는 인생으로 살아가기를 원하신다는 사실입니다.

하나님은 우리가 서로 비교하는 것을 가장 슬퍼하십니다.

하나님은 우리가 서로 비교함으로 교만하거나 낙담하거나 만족하거나 포기하는 것을 가장 슬퍼하십니다.

하나님은 절대로 비교 평가할 수 없는 한사람 한사람의 인생이 당연한듯 세상에서 비교 평가되는 것을 가장 슬퍼하십니다.

하나님은 세상 모든 인생이 서로 철저하게 각각 다른 역할과 능력과 가치가 있음을 분명하게 천명하고 있습니다.

이것이 복음입니다. 이것이 복음의 신비입니다. 이것이 복음이 가진 탁월함이기도 합니다.

하나님은 우리들을 한번도 누군가와 비교하여 평가하시거나 칭찬하시거나 폄하하지 않으셨습니다.

하나님이 보시기에 우리는 모두가 Only one의 존재이기 때문입니다.

우리가 예수 그리스도를 믿어야 할 분명한 이유가 여기에 있습니다.

우리가 예수 그리스도의 복음에 자부심을 느껴야 할 분명한 이유가 여기에 있습니다.

우리가 예수 그리스도의 사람으로 당당해야 할 분명한 이유가 여기에 있습니다.

우리가 예수 그리스도의 십자가와 부활을 전해야 할 분명한 이유가 여기에 있습니다.

우리를 위하여 이 땅에 오신 예수 그리스도도 Best one이 아닌 Only one으로 우리에게 다가와 주셨습니다. "Only one way JESUS!"

그리고 우리들을 향하여 Best one이 아닌 Only one의 인생을 살게 하시려고 손을 내밀어 주시고 우리들을 복음으로 초청하여 주셨습니다.

우리는 하나님이 보시기에 가장 아름답고 소중하고 가치 있고 의미 있는 Only one! 입니다.

Shallom! • Maranatha! • Amen!

보편적으로 국가를 구성하는 요건 3가지가 있습니다. 영토, 국민, 주권 이 세가지가 있어야만 국가로서의 자격을 인정받게 됩니다.

지켜야 할 영토와 국민과 주권이 있어야 국가로서 인정을 받게 된다는 말이기도 합니다.

예수 그리스도를 믿는 우리들은 하나님 나라의 백성입니다.

우리의 국적은 하나님의 국가(나라)입니다. 《Kingdom of GOD!》

한 국가가 이루어지기 위하여 세가지의 요건이 필요하듯이 하나님의 나라 백성으로 살아가는 모든 하나님 나라의 백성이라면 반드시 지니고 갖추어야 할 세가지의 중요한 신앙정신이 있습니다.

• 첫번째 신앙정신은 샬롬!「Shallom!」입니다.

초대교회의 시작은 예수 그리스도의 부활로 인하여 시작되고 완성되었습니다.

처음 이 땅에 시작된 교회를 향하여 주신 예수님의 중요한 교회 정신이 있습니다.

교회가 어떠한 곳이여야 하는가에 대한 정의이기도 하였습니다.

진정한 믿음으로 살아가는 사람들이 누려야 할 세상과는 구별된 성별 된 품격입니다.

그것은 바로 샬롬의 생활입니다!

믿음으로 살아가는 이들의 모든 환경 가운데 반드시 머물러 있어야 할 것은 평안이고 평화이고 평강이라는 것입니다.

예수 그리스도를 믿는 모든 이들의 마음 가운데에도 반드시 지켜지고 머물러 누려야 할 하나님 나라의 국가정신이기도 합니다.

하나님의 나라를 살아가는 모든 이들에게 주신 하나님의 약속입니다.

하나님의 나라를 살아가는 모든 이들에게 주신 하나님의 특권입니다.

하나님의 나라를 살아가는 모든 이들에게 주신 하나님의 권리입니다.

- **두번째 신앙정신은 마라나타!「Maranatha!」입니다.**

예수 그리스도를 믿는 우리들의 소망은 마라나타입니다.

이 땅에서 하나님 나라의 국민으로 살아가는 모든 이들에게 공통적으로 나타나는 미래 정신입니다. 아멘! 주 예수여 오시옵소서! (Our Lord, Come!)

우리의 향하는 목표와 목적은 분명합니다.

십자가에 죽으시고 부활하시어 하늘에 올라가신 예수님이 다시 오셔서 완성하실 그 나라를 기대하며 나아가는 것입니다.

예수님이 오셔서 완성하실 그 나라를 신뢰하며 확신하며 나아가는 것입니다.

이 땅에 그 어떠한 소망을 두는 것이 아닙니다.

이 땅에 정답이 없다는 것을 아는 것입니다.

이 땅을 넘어 만나게 될 국가가 있음을 믿는 것입니다.

이 땅을 넘어 준비하여 주시는 완전한 승리가 있음을 기대하는 것입니다.

- 세번째 신앙정신은 아멘! 「Amen」입니다.

하나님 나라의 사람들은 모든 일의 시작과 끝에 동일한 고백을 가지며 살아갑니다.

Amen! (주님 뜻대로 행 하소서! 하나님만을 온전히 신뢰하며 맡깁니다!)

나의 그 어떠함이 아니라 온전히 주님의 손에 맡기며 순종하며 신뢰하는 믿음의 확고한 정신입니다.

세상 모든 인생의 주관자와 인도자 되시는 유일한 분이 주님이시라는 것을 신뢰함으로 순종함으로 믿는 믿음의 고백입니다.

우리의 그 어떠한 생각이나 계획이나 환경 가운데에도 철저하게 "아멘정신!"을 포기하지 않는 것입니다.

세상 모든 것들이 하나님의 계획아래 있음을 철저하게 인정하며 고백하며 신뢰하는 것입니다.

세상 그 무엇과도 절대로 타협하거나 주저하거나 굴복을 당하지 않는 것입니다.

단 하나 밖에 없는 생명을 주고서도 포기할 수 없는 소중하고 가치 있는 고백으로 살아가는 것입니다.

하나님 나라의 백성으로 살아가는 사람들이라면 그 누구라도 반드시 지녀야 하는 3가지의 영적 필요충분조건이기도 합니다.

하나님의 국가를 대표하는 국민으로 살아가고 있는지 알고 싶으시다면 세가지를 가지고 있는지 다시 한 번 확인해 보시기를 소망합니다.

샬롬〈Shallom〉! 나는 평안을 누리며 살고 있는가?
마라나타〈Maranatha〉! 나는 주의 날을 기대하며 살고 있는가?
아멘〈Amen〉! 나는 주의 인도하심을 신뢰하며 살고 있는가?

거울은 스스로 웃지 않는다

크리스챤이라는 이름만으로 그 사람이 하나님 앞에서 세상 가운데 예수님의 제자로 인정받는 것은 아닙니다.

교회라는 이름만으로 하나님 앞에서 세상 가운데 교회가 거룩한 장소라고 말하는 사람은 아무도 없습니다.

교회가 거룩한 교회 답게 인정받고 성도가 거룩한 성도 답게 인정받는 유일한 방법은 한가지입니다.

교회가 건물로 장식으로 화려함으로 분위기로 거룩함을 보여주는 것이 아니라 교회안에 거룩한 믿음이 넘쳐 날 때에 진정으로 거룩한 교회가 되는 것입니다.

크리스챤으로서 세상 가운데 빛과 소금의 역할을 바르고 적절하게 살아내는 것을 통하여 거룩한 믿음으로 인정받게 되는 것입니다.

우리가 속한 교회가 하나님과 세상이 인정하는 거룩한 교회되게 하는 것은 믿음을 고백하며 예배로 모이는 우리에게 달려 있다는 사실을 잊지 마시기를 바랍니다.

나의 바른 믿음을 통해 교회의 거룩성이 드러나게 된다는 것을 잊어서는 안 됩니다.

하나님이 인정하시는 거룩한 믿음 되게 하는 것은 믿음을 고백하며 각자의 자리에서 예수 그리스도의 흔적을 남기는 우리에게 달려 있다는 것입니다.

> "너희가 하나님의 성전인 것과 하나님의 성령이 너희 안에 거하시는 것을 알지 못하느뇨 누구든지 하나님의 성전을 더럽히면 하나님이 그 사람을 멸하시리라 하나님의 성전은 거룩하니 너희도 거룩하라."(고전 3:16-17)

목사나 선교사나 헌신자라는 칭호가 하나님의 거룩이 아닙니다.

장로나 권사나 집사나 교회의 직분자들이 가지는 자리가 하나님의 거룩이 아닙니다.

목사와 선교사와 헌신자가 예수 그리스도의 심장으로 살아감을 통하여 거룩함을 인정받게 되는 것입니다.

장로나 권사나 집사나 직분자들이 세상 가운데 예수 그리스도의 발걸음으로 살아감을 통하여 거룩함을 인정받게 되는 것입니다.

하나님이 가장 원하시는 진정한 거룩은 우리의 믿음이 우리의 교회가 우리의 공동체가 하나님의 거룩을 나타내는 핵심이 되기를 소망하고 계십니다.

좀 더 적극적으로 하나님의 거룩을 향한 믿음의 도전을 함께 나누고 싶습니다!

먼저는 나의 드리는 믿음의 예배를 통하여 교회가 거룩한 장소가 되어 가기를 기대하며 고집하는 믿음이 있기를 소망합니다.

먼저는 나 만이라도 교회안에서 하나님의 거룩을 꺼지지 않게 몸부림치는 타오르는 불꽃이 되겠다고 결단하는 믿음이 되기를 소망합니다.

연약하고 완전하지 않을지라도 세상 가운데 나의 믿음을 통하여 세상이 크리스챤들을 통해 하나님의 살아 계심을 찾아 들게 하는 곳이 되게 하시기를 바랍니다.

화려하고 힘있고 강력하진 않을지라도 나의 믿음을 통하여 세상의 사람들이 하나님의 살아 계심을 볼 수 있도록 살아내 주시기를 바랍니다.

교회는 스스로 거룩해지지 않습니다!
교회를 지키는 우리의 믿음이 교회의 거룩을 나타내는 것입니다.
성도는 스스로 거룩해지지 않습니다!
우리의 믿음의 품격을 통하여 성도의 거룩은 지켜지는 것입니다.
교회의 거울은 하나님을 향한 우리의 거룩함입니다.
성도의 거울은 하나님을 향한 우리의 신실함입니다.
거울이 스스로 웃을 수 없는 것처럼 말입니다!

만족을 넘어 감동을 지나 기적이 되는 기도응답!

저는 모태신앙으로 자라오면서 어려 서부터 대학생 시절까지 끊임없이 기도했던 기도제목이 있었습니다.

저는 언제부터 인지 정확하지는 않지만 B형 간염 보균자였습니다.

늘 아침마다 코피가 나고 몸도 허약하여 병치레를 하면서 자랐습니다.

이 일로 인하여 개인적으로 하나님께 원망도 많이 했습니다.

특히 대학교에 들어 가서 B형 간염 보균자라는 이유만으로 대학교 기숙사에 들어가지 못한다는 사실에 심한 좌절감과 상처를 받기도 하였습니다.

대학에 들어가서도 매일 아침마다 세수를 할 때마다 코피가 나왔습니다.

저는 당시에 모두가 아침에 일어나 세수를 하면 코피가 난다고 생각할 정도였습니다.

 이러한 가운데 제가 너무 좋아했던 농구 경기를 하는 중에 갑자기 몸이 피곤하고 더이상 뛰지도 못하고 지쳐서 축 처지는 몸 상태를 느끼는 횟수가 점점 늘어가게 되었습니다.

 사실 한동안은 너무 놀라기도 하고 걱정과 근심이 되기도 하였지만 이러한 경험을 통하여 저는 처음으로 제 스스로 아무리 노력해도 지킬 수 없는 것이 생명일지도 모른다는 생각을 하게 되었습니다.

 내가 생활하는 모든 것이 하나님의 은혜라는 것을 저의 약함을 통해 구체적으로 인정하게 되었습니다.

 그 이후로 이전과는 다르게 저의 기도의 내용이 바뀌게 되었습니다.

 B형 간염 보균자라는 것이 오히려 제 신앙의 성장을 가져오는 획기적인 계기가 되었습니다.

 물론 지금도 주의 은혜로(?) 저는 B형 간염 보균자입니다.

 〈감사하게도 다른 사람에게 피해를 주거나 전염이 되는 것은 아닙니다.〉

 지금도 저는 이 약함이 저의 감사이며 자랑이기도 합니다.

 저는 이 약함을 통해서 하나님의 은혜를 발견한 대학생 시절 이후로 한번도 이 병을 낫게 해 달라고 기도해 본 적이 없습니다.

 믿으실 지는 모르겠지만 오히려 이러한 병을 주셔서 감사하다고 기도하고 있습니다.

저는 기도응답을 받았기 때문입니다.

이러한 질병을 주셨던 하나님의 뜻을 알도록 해 주셨기 때문입니다.

제가 원했던 기도응답보다 더 큰 기도응답의 은혜를 주셨기 때문입니다.

기독교 역사상 가장 위대했던 사도 바울은 평생 육체적인 질병을 안고 살다가 이 땅에서의 신앙 여정을 마쳤습니다.

바울은 세번이나 육체적인 질병을 낫게 해 달라고 간구하였습니다.

하나님은 그의 기도에 대하여 다음과 같이 응답하여 주셨습니다. "내 은혜가 네게 족하도다!"

"이것이 내게서 떠나기 위하여 내가 세 번 주께 간구하였더니 내게 이르시기를 내 은혜가 네게 족하도다 이는 내 능력이 약한 데서 온전하여 짐이라 하신지라 이러므로 도리어 크게 기뻐함으로 나의 여러 약한 것들에 대하여 자랑하리니 이는 그리스도의 능력으로 내게 머물게 하려 함이라."(고후 12:8-9)

사도 바울은 이 하나님의 응답을 듣고 이제는 자신의 약함을 자랑하게 되었다고 고백하였습니다.

진정한 기도응답을 받았다고 고백하며 기뻐하였습니다.

눈에 보이는 치료나 회복이 아닌 약함을 주신 하나님의 진정한 의도와 계획을 알게 되는 응답을 받았기 때문입니다.

여러분, 생각해 보시기를 바랍니다.

사도 바울은 하나님의 응답을 받은 이후에 계속하여 육체의 질병을 낫게 해 달라고 기도했을까요?

아닙니다! 그렇지 않습니다. 그 어느 누구도 그렇게 생각하지 않을 것입니다.

오히려 바울은 고백합니다.

> "그러므로 내가 그리스도를 위하여 약한 것들과 능욕과 궁핍과 핍박과 곤란을 기뻐하노니 이는 내가 약할 그때에 곧 강함이니라."(고후 12:10)

사도 바울의 네번째 기도가 우리의 고백으로 이어지기를 축복합니다.
사도 바울의 네번째 기도가 우리의 소망으로 이어지기를 기대합니다.
사도 바울의 네번째 기도가 우리의 자랑으로 이어지기를 응원합니다.
사도 바울의 네번째 기도가 우리의 전통으로 이어지기를 추천합니다.

믿음 때문에 행복하십니까?

　종종 유튜브를 통해 일본에서 어느 동네에나 있을 법한 식당들을 취재하여 방송하는 내용을 보면서 감동을 받을 때가 많습니다.
　특별히 가격이 싸고 양이 많고 맛이 좋은 가게를 운영하는 가게 주인들의 고집과 열정과 철학이 담긴 이야기를 들을 때마다 도전을 경험하기도 합니다.
　최근에 일본 동네에서 음식 가게를 운영하는 한 식당 주인의 이야기를 들으며 다시 한 번 많은 생각을 하게 되었습니다.
　이 가게 주인은 결혼을 하고 작지만 아담하게 음식점을 오픈하게 되었습니다.
　그의 식당 운영 철학은 동네에서 가장 싸고 맛있고 푸짐하게 판매를 한다는 고집을 가지고 35년째 가게를 하고 있었습니다.
　아내와 딸은 힘들지만 열정을 가지고 가게를 운영하는 남편이자 아버지를 도우며 인건비를 줄이면서 경제적으로는 힘들지만 보람을 같이 공유하며 가게를 운영하고 있었습니다.

식당 주인은 35년 동안 가족과의 개인 시간도 거의 가지지 못하고 한번도 제대로 휴가를 보낸 적이 없다고 했습니다.

그럼에도 불구하고 가게 주인은 웃으면서 말했습니다. "저는 행복합니다!"

취재 기자가 주인에게 물었습니다.

"이렇게 가족도 희생하고 자신의 개인 시간도 희생하고 무엇보다도 경제적으로 큰 도움이 안 되는 가게를 지금까지 이어가고 계시는데 무엇이 행복하십니까?"

35년간 음식점을 운영했던 주인은 약간 수줍은 듯이 겸연쩍게 말을 이어갔습니다.

"나를 믿고 찾아오는 손님들이 있어서 행복합니다. 나의 요리를 통해 사람들이 행복해하는 것을 느끼기 때문에 행복합니다. 제가 만든 음식을 먹고 힘을 얻고 활력을 얻는다고 해 주어서 행복합니다. 가장 중요한 이유는 손님들이 저의 음식을 먹고 너무 맛있다고 해주기 때문에 행복합니다."

가게 주인은 인터뷰 말미에 이런 멘트를 남겼습니다.

"저의 힘이 닿는 날까지 멈추지 않고 이 가게를 지키고 싶습니다!"

이 음식점 가게 주인의 행복한 미소를 마주하면서 저에게 다가오는 질문이 있었습니다.

'나는 지금 행복하게 신앙생활을 하고 있는 것일까?'

"여러분들은 어떻습니까?"

단지 자신이 만든 음식을 좋아하고 맛있어 하고 힘을 얻는다는 이 유만으로도 자신의 가정과 인생과 청춘과 여유까지도 포기하며 살면서도 행복하다고 말하는 것을 보면서 저의 모습을 바라보게 되었습니다.

우리들은 생명 살리는 음식(복음)을 전하는 사람들입니다. 나누는 사람들입니다.

우리들은 "영혼 살리는 요리사"입니다.

우리들의 손에는 우리 만이 만들고 대접할 수 있는 유일한 요리가 있습니다.

"복음입니다!" "생명 살리는 좋은 소식입니다!"

예수 그리스도의 십자가와 부활을 전하는 좋은 소식입니다.

우리에게 맡겨 주신 가장 맛나고 건강하고 영양가가 넘치는 복음을 전하고 나누고 먹이는 일을 하면서 우리는 얼마나 행복해하고 있는 것일까요?

복음을 위해서라면 가족도 청춘도 인생도 나의 모든 시간도 포기할 정도로 행복한 신앙생활을 하고 있는 것일까요?

취재에 응한 가게 주인은 가족들에게 미안하지만 후회는 없다고 했습니다.

자신의 청춘을 다 바쳐 35년간 주방에서 지낸 시간들이 결코 후회

되지 않는다고 말했습니다.

이 주인의 확신에 찬 고백이 왠지 너무 부러웠습니다.

제 마음에 강한 도전이 되었습니다. 울림이 되었습니다.

예수 그리스도를 믿는 여러분들 에게도 묻고 싶습니다.

"믿음때문에 행복 하십니까?"

"복음을 나누어 대접하는 것 때문에 행복하십니까?"

35년 동안 손님들의 미소와 감사의 마음과 만족하며 행복해하는 모습을 보는 것 만으로도 너무나도 행복해하는 가게 주인의 모습을 보면서 다짐을 하게 됩니다.

우리에게 맡겨 주신 탁월하고 환상적이고 비교불가한 복음의 확신을 생각한다면 우리들이 절대로 져서는 안되는 행복이 있어야 한다는 것입니다.

혹여 우리의 가족이나 가정이나 시간이나 물질이나 마음이 희생될지라도 말입니다.

우리에게 영원한 생명을 맛보게 하는 요리를 대접하게 하셨기 때문입니다.

우리가 믿음안에서 행복하게 살아가기에 충분한 확실한 확신이 있기 때문입니다.

많은 사람들이 믿음으로 살다 보니 많은 것을 희생하고 헌신하고 포기했다는 이야기를 너무 쉽게 하는 것을 종종 보게 됩니다.

• 믿음으로 산다는 것은?

"우리에게 맡겨 주신 복음을 전하기 위하여 나누어 주기 위하여 누군가의 영혼에 먹이기 위하여 세상적인 어려움이나 희생이나 어려움 가운데에도 행복할 수 있는 확실한 확신을 가지고 사는 것입니다."

하나님을 위해서라면 우리의 가진 모든 것을 내어 줄지라도 행복이 사라지지 않는 것입니다.

예수 그리스도를 믿음으로 30년 넘게 세상의 모든 사람들을 향하여 모든 것을 포기하고 내려놓고 복음을 대접하였던 사도 바울은 고백합니다.

"주 안에서 항상 기뻐하라 내가 다시 말하노니 기뻐하라."(빌 4:4)

예수님 때문에 행복이 넘친다는 고백입니다.
예수님 때문에 감사가 넘친다는 고백입니다.
예수님 때문에 소망이 넘친다는 고백입니다.

음식점 가게 주인이 누렸던 행복을 지켜보면서 다가오는 선한 자극을 멈출 수가 없습니다.

자신의 자리에서 최선을 다하면서 누군가의 미소와 감사와 만족과 위로를 주는 것 만으로도 행복을 느끼고 살아간다면 우리는 더 행복해야 한다고 생각합니다.

왜냐하면 우리에게는 세상이 줄 수 없는 진정한 위로와 감동과 미소와 회복과 희망을 대접하도록 세워진 하나님의 "복음 요리사!"이기 때문입니다.

우리들의 손에는 예수 그리스도의 십자가와 부활이 쥐어져 있기 때문입니다.

믿음 향상상!

부끄럽기는 하지만 저의 자랑스럽지 않은 과거의 이야기를 한가지 나누고자 합니다.

저는 초등학교를 다니면서 소위 남들이 말하는 인정받을 만한 제대로 된 상을 한번도 받아 본적이 없습니다.

오히려 자주 말썽을 부리고 싸우고 사고를 쳐서 종종 부모님이 학교에 불려와서 곤욕을 당하기도 하였습니다.

굳이 상에 대하여 이야기를 하자면 조금 서글픈 이야기이지만 제가 초등학교를 다니던 시절 3학년 때에 받은 상이 있긴 합니다.

그것은 어떻게 해서라도 상을 주어 저를 격려하고 동기부여를 주기 위하여 당시 담임 선생님이 개인적으로 만들어서 주신 상이 있긴 하였습니다. '성적 향상상!'

사실 말이 상이지 더 이상 성적이 내려 갈 곳이 없는 저 같은 학생들에게 용기를 주려고 억지로 만들어 주신 상이기도 하였습니다.

그럼에도 불구하고 저에게는 그때 받은 상장에 대한 기억이 시간이 지나면 지날수록 저에게는 더욱 선명하게 스며들고 있습니다.

사회적으로 누구도 인정하지 않고 또한 누구에게도 인정을 받을 수 없는 상장 이였지만 시간이 지날수록 더욱 제 안에 빛나는 소중한 보물입니다.

80세의 나이에 모든 것을 포기해버린 삶을 살아가고 있었고 스스로를 인생의 낙오자라고 생각했던 모세를 찾아가 하나님은 말씀하여 주셨습니다.

자신을 부인하고 낙망을 하며 더 이상의 꿈이나 소망 없이 인생을 자포자기 한 것 같은 모세를 향하여 오히려 다시 말씀하여 주셨습니다.

"너는 하나님을 대신하리라!"(출 4:16)

자신의 조국 이스라엘의 참담한 현실을 비관하며 소망 없이 살아가던 청년 기드온을 찾아가 하나님은 말씀하여 주셨습니다.

이웃 나라 미디안에 침략을 당하고는 조국의 현실을 보면서 혼자만 살아 보겠다고 어두운 동굴에 숨어 밀 타작을 하던 청년 기드온을 향하여 말씀하여 주셨습니다.

"너는 큰 용사라!"(삿 6:12)

예수님과 3년간 동거 동락을 같이하며 예수님이 보여주셨던 모든 이적과 기사와 치유와 말씀과 모범을 함께 경험하고도 믿음을 버리고 도망쳐 버린 제자들을 찾아가 주님은 말씀하여 주셨습니다.

예수님의 못 박히신 십자가와 보혈을 보면서 십자가 앞에서 예수님을 배신하고 버리고 도망쳤던 제자들을 다시 찾아 갈릴리까지 가셔서 제자들에게 말씀하여 주셨습니다.

"나와 함께 다시 가자!"(요 21:22)

모세가 더 이상 내려 갈 곳이 없을 것 같은 무너진 그곳에서 하나님은 모세를 격려하여 주시고 안아 주시고 인정하시며 '믿음 향상상'을 건네어 주셨습니다.

기드온이 하나님에 대한 불신과 불만과 좌절 가운데 패배의식에 물들어 살던 그 마음 가운데 다가가셔서 기드온을 격려하시고 세우시고 인정하시고 '믿음 향상상'을 주셨습니다.

예수님의 제자들이 잊고 싶고, 숨기고 싶고, 부끄러웠던 시간들을 부여잡고 죄책감으로 살아가는 그들의 마음 가운데 다가가셔서 제자들을 향하여 다시 손을 내밀어 주시며 그들을 향해 '믿음 향상상'을 주셨습니다.

믿음으로 산다는 것은!

그럼에도 불구하고 매일 매일이 하나님이 주시는 '믿음 향상상'을 받음으로 이어갈 수 있는 은혜의 결과입니다.

가장 나약하고, 부족하고, 연약하고, 실패하고, 낙망하고, 좌절하고, 무너진 그 자리에서 오히려 내밀어 주시는 하나님의 "믿음 향상상"을 통해 더욱 견고하게 지켜지는 은혜의 축복입니다.

우리는 그 누구도 하나님 앞에 부끄럽지 않은 신앙은 없습니다. 그러나 우리들의 믿음은 절대로 잃어버리거나 소멸되거나 사라지지 않습니다.

하나님은 우리를 그대로 내버려 두시는 분이 아니시기 때문입니다.

우리가 가장 약할 그 때에 다시 상장을 준비하여 달려와 주시는 분이시기 때문입니다.

우리가 다시 일어설 수 있는 것도, 우리가 다시 시작할 수 있는 것도, 우리가 다시 성장할 수 있는 것도, 우리가 다시 만족할 수 있는 것도, 모두가 하나님이 준비하여 건네어 주시는 '믿음 향상상'이 있기에 가능한 시작이요 과정이며 결과입니다.

혹시라도, 지금 힘드십니까? 지금 자신이 없으십니까?

지금 흔들리고 있습니까? 지금 포기하고 싶습니까?

지금 넘어져 있습니까? 지금 좌절하고 낙망하고 지치고 무너지는 믿음입니까?

그렇다면 지금도 동일하게 변함없이 다가오셔서 건네어 주시는 하나님의 "믿음 향상상"을 받으시기를 바랍니다.

우리의 믿음을 위하여 끊임없이 준비하시어 건네어 주시는 은혜의 히든 카드 같은 "믿음 향상상!"을 통해 다시 힘을 얻으시기를 바랍니다.

3부…가을…목격자의 고백

믿음은 진정한 나의 가치를 발견하는 통로입니다

최근에 아주 인상깊게 보았던 짧은 영상이 있었습니다.
간결하면서도 묵직한 감동과 의미를 담은 아름다운 내용입니다.
"물 한 병이 코스트코에서는 25센트입니다.
슈퍼마켓 에서는 50센트입니다.
똑 같은 물 한 병이 패스트푸드 가게에서는 2달러입니다.
좋은 레스토랑이나 호텔에서는 3달러입니다.
공항에서는 5달러에 팔리고 있습니다.
잘 들어보세요! 이 한 병의 물은 브랜드까지 완전 똑 같은 것입니다.
달라지는 단 한 가지는 장소일 뿐입니다.
각기 다른 장소가 똑 같은 제품에 대한 가치를 정해주는 기준이 됩니다.

당신이 중요한 사람이 아니라고 생각하거나 주변 사람들이 당신을 무시하거나 얕잡아 본다면 장소를 바꾸시기를 바랍니다. 거기 머물러 있지 않기를 바랍니다.

장소를 바꿀 용기를 가지고 당신의 가치를 제대로 인정받을 수 있는 곳으로 가시기를 바랍니다.

당신이 하는 일을 인정하고 감사할 수 있는 사람들을 곁에 두시기를 바랍니다.

작은 것으로 만족하지 않으시기를 바랍니다. 당신은 정말 가치 있는 사람이기 때문입니다."

우리를 창조하시고 불러 사용하여 주시는 하나님은 우리들을 향하여 말씀하십니다.

"내가 너를 보배롭고 존귀하게 여기고 너를 사랑하였노라."(사 43:4)

"무릇 내 이름으로 일컫는 자 곧 내가 내 영광을 위하여 창조한 자를 오게하라 그들을 내가 지었고 만들었느니라."(사 43:7)

"내가 영을 전하노라 여호와께서 내게 이르시되 너는 내 아들이라 오늘날 내가 너를 낳았도다."(시 2:7)

맞습니다. 그렇습니다. 믿음의 신비가 여기에 있습니다.

믿음이란 우리의 진정한 가치를 선명하게 볼 수 있게 해주는 유일한 해법입니다.

믿음으로 산다는 것은 우리의 진정한 가치를 발견하며 확인하며 누리며 사는 것입니다.

믿음을 통해서만 경험하게 되는 놀라운 발견이며 축복이기 때문입니다.

우리가 살아가는 동안에 특별히 지치거나 좌절하거나 무너지거나 실패하거나 포기하려 할 때에 더욱 우리를 향해 다가오셔서 확인시켜 주시는 하나님의 도우심이 있습니다.

스스로 조차도 무너지고 낙망하고 좌절하는 상황 가운데에도 진정한 우리의 가치를 발견하게 해 주시는 하나님의 은혜가 있습니다.

하나님이 다시 한 번 확인시켜 주시는 우리들의 진정한 가치가 있습니다.

우리가 어떠한 상황 가운데에도 굳건하게 흔들림 없이 믿음으로 살아가면 갈수록 더욱 구체적으로 만나게 되는 영혼의 행복이 있습니다. 새로운 발견이 있습니다.

믿음을 통하여 만나게 되는 진정한 나의 모습이 있습니다. 나의 가치가 있습니다.

믿음이란 하나님과의 인격적인 만남을 통하여 진정한 나를 만나는 것입니다.

믿음이란 하나님과의 인격적인 만남을 통하여 진정한 나의 가치를 발견하게 되는 것입니다.

믿음이란 하나님과의 인격적인 만남을 통하여 진정한 나와 마주 보게 되는 것입니다.

믿음으로 살아간다는 것은 다른 것이 아닙니다.

나의 가치를 발견하게 되는 끝없는 행복의 여정입니다.

나의 가치를 인정받게 되는 끝없는 행복의 여정입니다.

나의 가치를 감사하게 되는 끝없는 행복의 여정입니다.

가장 나약하고 부족하고 연약하고 실패를 반복하는 가운데에 있을지라도 우리들을 향하여 변함없이 들려주시는 하나님의 마음이 있습니다.

> "너의 하나님 여호와가 너의 가운데 계시니 그는 구원을 베푸실 전능자시라 그가 너로 인하여 기쁨을 이기지 못하여 하시며 너를 잠잠히 사랑하시며 너로 인하여 즐거이 부르며 기뻐하시리라."(습 3:17)

믿음으로 살아가는 우리 모두는 하나님 보시기에 애간장을 태우고도 남을 소중하고 가치 있고 사랑스럽고 아름다운 존재 가치를 지닌 인생이라는 것입니다. 잊지 않으시기를 바랍니다!

예수 그리스도를 믿는다는 것은 진정한 나를 인정받게 해주는 특별한 기회입니다.

예수 그리스도를 믿는다는 것은 진정한 나를 아름답게 지켜주는 특별한 용기입니다.

예수 그리스도를 믿는다는 것은 진정한 나를 사랑하게 붙잡아주는 특별한 마음입니다.

하나님은 지금도 동일하게 우리의 영혼을 향하여 던지시는 질문과 해답을 제시하여 주시는 분이십니다.

지금도 변함없이 우리 모두에게 들려주시는 주님의 초청이 있습니다.

진정한 자신의 가치를 알고 싶으십니까?

진정한 자신의 가치를 검증 받고 싶으십니까?

진정한 자신의 가치를 확인하고 싶으십니까?

지금 당장 예수 그리스도를 믿는 믿음으로 들어가시기를 바랍니다.

그곳에서 진정한 자신을 마주보며 감격, 감동, 감사하는 축복이 이어지시기를 응원합니다. 샬롬!

믿음은 하나님을 두려워하는 것!

운전을 하는 사람이라면 누구라도 도로의 속도제한이나 교통신호를 지킵니다.

특별히 속도 측정이나 신호 위반 카메라가 있는 곳에서는 더욱 철저하게 속도나 교통법규를 지키게 됩니다.

왜냐하면 경찰을 두려워하기 때문입니다. 더 구체적으로 말을 하자면 벌금에 대한 두려움이 있기 때문입니다.

신호 위반이나 속도 위반을 했을 때에 경찰을 만나거나 카메라에 찍히게 되면 더욱 놀라며 긴장을 하게 됩니다.

반대로 사고가 나거나 곤란한 상황에 처해 있을 때에 가장 만나고 싶은 사람이 경찰이기도 합니다.

경찰은 두려운 존재이면서도 없어서는 안되는 소중한 존재이기도 합니다.

정말로 경찰을 두려워하고 벌금에 대하여 두려운 마음을 가지는 사람들은 미리 알아서 법규를 준수합니다.

현대 교회의 가장 큰 문제점에 대하여 최근에 한국 목사님 한 분이 적절하게 지적하여 주신 부분이 있었습니다.

"현대 기독교인들은 하나님에 대한 진정한 두려움이 없다는 것이 가장 심각한 영적 문제이다" 하고 지적해 주셨습니다.

저는 철저하게 이 부분에 대하여 동의를 하게 됩니다.

우리는 많은 부분에서 특별히 힘들거나 괴롭거나 두렵거나 어려운 상황에 처할 때에 간절하게 하나님을 찾습니다.

신변이나 환경의 위기나 어려운 상황 가운데에 경찰에게 도움을 요청하듯이 하나님을 갈급 합니다.

물론 하나님을 향하여 매번 어려움이 있을 때마다 도움을 요청하는 것은 정말 멋지고 바른 신앙생활이라고 생각을 합니다.

하나님은 우리들을 도우시는 영혼의 경찰관이기도 하시기 때문입니다.

반면에 우리의 신앙생활 가운데 많은 부분에서 영혼의 경찰관 되시는 하나님에 대한 두려움이 없다는 점에 대하여 우리는 집중해야 할 필요가 있음을 고백하게 됩니다.

일반사회에서도 무엇인가 위법을 행하는 자리에 있거나 위법을 행했을 때는 당연한듯 경찰을 두려워하는데 말입니다.

많은 크리스챤들이 하나님은 사랑과 공의를 베푸시는 공평하신 하나님이라고 고백을 합니다.

하나님은 언제나 어느곳에서라도 임재하시는 분이시라는 고백을 합니다.

하나님은 우리의 머리털까지도 세실 수 있는 분이시라고 고백을 합니다.

하나님은 어제도 오늘도 내일도 동일하게 살아역사하시는 분이시라고 고백을 합니다.

그럼에도 불구하고 이 시대의 신앙인들은 많은 부분에서 하나님에 대한 "거룩한 두려움"이 없는 시대를 당당하게 살아가고 있다는 느낌을 지울 수가 없습니다.

하나님을 두려워한다면 절대로 할 수 없는 말과 생각과 행동들을 거침없이 행하며 살아가고 있는 것처럼 느낄 때가 많기 때문입니다.

허심탄회하게 묻고 싶습니다.

"하나님을 정말 믿음안에서 두려워하며 살아가고 계십니까?"

정말 그렇게 믿으며 신앙 가운데 살아가고 있는지 스스로 자문해 보는 시간이 있기를 소망합니다.

하나님에 대한 거룩한 두려움이 없는 한국교회의 현실을 우리는 너무도 잘 알고 있습니다.

교회에 대한 불신이 증가하고 있고 목회자에 대하여도 교회 성도들에 대하여도 사회적으로 인정을 받지 못하는 지경에 이르고 있는 현실을 부인할 수가 없습니다.

무엇보다도 가슴이 아프고 슬픈 사실은 언제부터 인가 목사가 성도를 신뢰하지 못하고 성도가 목사를 신뢰하지 못한다는 것입니다.

목사가 목사를 신뢰하지 못하고 성도가 성도를 신뢰하기 어려운 시대를 맞이하며 살아가고 있다는 가슴 아픈 사실입니다.

교회 안에 하나님에 대한 거룩한 두려움이 없기 때문입니다.

교회 안에 하나님에 대한 거룩한 두려움이 사라진 결과이기도 합니다.

사회 생활을 하는 가운데 크리스챤으로서 하나님에 대한 거룩한 두려움이 없습니다.

불법과 위법과 비상식과 거짓과 음란과 욕망과 쾌락과 무례함과 욕심과 부정부패를 행하면서도 전혀 하나님에 대한 거룩한 두려움이 없습니다.

교회 안에서 모두가 공의와 사랑의 하나님을 믿는다고 고백은 하는데 말입니다.

공의와 사랑의 하나님을 정말 믿으며 신앙생활을 하고 계십니까?

정말입니까? 다시 한 번 묻고 싶습니다. 정말 믿으며 살고 계십니까?

믿음의 전통: 시야와 시선

　50대 초반의 시기에 인생의 획을 그을 만한 어마 무시한 놀라운 경험을 하였던 한 사람을 소개하고자 합니다.
　그는 태어날 때부터 노예였습니다.
　50년 이상을 노예로 살면서 하나님의 존재와 일하심을 이야기로만 들었던 사람 이었습니다.
　50대 중반을 맞이하는 가운데 그는 자신이 노예로 있던 나라에서 특별한 경험을 하게 되었습니다.
　그 시작은 한 사람의 갑작스러운 등장으로 시작되었습니다.
　40년 전에 사람을 죽이고 도망쳐 사라져버린 소문으로만 들었던 같은 민족이면서도 이집트 왕자였던 모세의 등장이 그것 이었습니다.
　80세의 노인이 되어 돌아온 모세라는 사람이 갑자기 나타나서 이스라엘 사람들을 향하여 외치기 시작하였습니다.

"하나님은 우리로 자유를 주시고 우리 조상들이 살았던 약속의 땅으로 인도하여 주실 것입니다. 지금이 그때입니다!"

긴가민가한 상황 가운데 확실한 믿음을 주기라도 하려는 것처럼 당시에 믿고 있던 잡다한 신들을 제압하는 10가지 재앙을 통해 처음으로 직접 자신의 눈을 통하여 하나님의 존재를 강렬하게 경험하게 되었습니다.

400년전 자신들의 선조 아브라함을 통해 다시 약속의 땅으로 돌아갈 예언이 정말로 정확하게 성취되는 것을 경험하게 되는 한 사람이 되었습니다.

노예의 땅에서 자유와 약속과 은혜의 땅을 향하여 출발하는 가운데 그는 눈 앞에서 홍해가 갈라지는 말도 안 되는 도저히 보고도 믿을 수 없는 기적을 경험하게 됩니다.

태어나서 처음으로 걸어가는 삭막한 광야에서 낮에는 구름기둥으로 밤에는 불기둥으로 인도하여 주시는 하나님의 도우심을 경험하게 됩니다.

40년 동안 매일처럼 만나와 메추라기를 통하여 광야에서 먹을 양식을 주시는 하나님을 경험하게 됩니다.

200만명이나 되는 사람들에게 광야에서 마실 물을 적재적소에서 늘 공급하여 주시는 하나님의 도우심을 경험하게 됩니다.

광야 전투에서 민족의 리더가 되어 싸우는 가운데 현실의 상황을 넘어 승리를 맛보게 하시는 하나님의 도우심을 경험하게 됩니다.

약속의 땅 가나안을 40일 동안 돌아보며 하나님이 주실 젖과 꿀이 흐르는 땅을 보게 되는 특권을 경험하게 됩니다.

난공불락 같은 여리고 성이 오로지 하나님의 일하심으로 무너지는 말도 안되는 기적을 실제로 선두에서 경험하게 됩니다.

홍해를 건넜던 것처럼 다시 요단강을 가르시고 건너게 하시는 하나님의 동행하심을 경험하게 됩니다.

95세에 모세에 이어 이스라엘의 지도자가 되어 실제로 하나님이 주신 약속의 땅을 정복하게 하시는 하나님의 신실하신 약속과 도우심을 경험하게 됩니다.

그의 인생 가운데 헤아릴 수 없는 하나님의 일하심을 경험했던 사람이 있습니다.

그의 이름은 여호수아입니다.

하나님의 살아 계심과 역사하심과 도우심과 인도하심과 성취하여 주시는 모든 것을 믿음의 경험으로 소중히 간직하며 살았던 위대한 하나님의 사람 이었습니다.

그리고 110세에 이 땅에서의 삶을 마치는 가운데 헤아릴 수 없는 하나님의 역사를 경험하였던 여호수아는 자신의 가족과 다음세대를 살아가게 될 이스라엘 민족을 향하여 유언처럼 남겨준 고백이 있습니다.

"만일 여호와를 섬기는 것이 너희에게 좋지 않게 보이거든 너희 조상들이 강 저쪽에서 섬기던 신들이든지 또는 너희가 거주하는 땅에 있는 아모리 족속의 신들이든지 너희가 섬길 자를 오늘 택하라 오직 나와 내 집은 여호와를 섬기겠노라."(여호수아 24:15)

여호수아의 고백이 오늘을 사는 우리들 에게도 동일하게 주는 도전임을 기억하시기를 바랍니다.

이 땅에서의 여정을 마치는 순간까지도 흔들림없이 남기고 싶었던 여호수아의 고백을 이끈 헤아릴 수 없는 은혜의 경험들이 동일하게 우리들의 인생 여정들 가운데에도 변함없이 주어졌다는 사실을 발견하시기를 바랍니다.

같이 노예생활을 하다가 출애굽을 하였던 20세 이상의 성인들은 동일한 하나님의 역사를 경험하고 은혜를 누렸음에도 불구하고 결국 하나님이 준비하신 땅을 밟지 못하고 사라지는 인생이 되었습니다.

여호수아와 그들의 가장 중요한 차이가 무엇이었을까요?

"시야와 시선의 차이"입니다.

인생의 모든 것 가운데 당연한 것은 아무것도 없다는 것을 감사하며 인정하는 시야입니다.

매일 매일이 오직 하나님의 보호하심으로 이어지는 기적의 연속이라는 것을 발견하며 고백하는 시야입니다.

인생의 모든 것이 하나님의 은혜이며 선물이며 특별한 준비하심이라는 사실을 신뢰함으로 바라보는 시선입니다.

언제나 우리의 앞에서 이끄시고 뒤에서 도우시고 곁에서 동행하시는 주님을 발견하는 시선입니다.

여호수아가 경험하고 누렸던 "믿음이 준 시야와 시선"을 우리의 변함없는 고백과 전통으로 이어가는 믿음의 발걸음이 되시기를 축복 드립니다.

오늘을 사는 믿음의 현장 속에서 여호수아의 고백을 품고 살아가는 그 한 사람이 바로 당신 이기를 기대하며 축복 드립니다.

죽음은 생명입니다

1990년대 에이스 침대에서 나온 획기적인 광고 문구로 인하여 침대에 대한 인식과 관심과 수요가 급증하게 되었습니다.

"침대는 가구가 아닙니다! 과학입니다!"

모든 사람들이 기존에 가지고 있던 가구에 대한 선입견과 패러다임을 완전히 바꾸게 만든 신선하고 설득력이 있는 내용이었습니다.

1963년에 삼양식품에서 출시된 삼양 라면으로 인하여 한국의 서민들의 식문화에 거의 혁명이라고 할 정도의 변화를 가져오게 되었습니다.

인스턴트 식품의 선두주자였던 라면이 대중화되는 가운데 간식으로만 알고 있었던 라면에 대한 새로운 패러다임을 제공한 문구가 있었습니다.

"라면은 요리입니다!"

라면은 요리가 아니라는 막연한 이미지에서 벗어나 라면도 훌륭한 하나의 요리라는 사실을 자연스럽게 인정하게 되었습니다.

사람은 태어나서 반드시 죽는다는 것을 누구도 의심하거나 부인하지 않습니다.

인생은 반드시 시작과 끝이 있음을 또한 담담하게 받아들이며 살아가고 있습니다.

이러한 우리들의 인생을 향하여 인간으로 오신 예수 그리스도께서 주신 획기적인 문구가 있었습니다.

"죽음은 생명입니다!"

> "누구든지 제 목숨을 구원하고자 하면 잃을 것이요 누구든지 나를 위하여 제 목숨을 잃으면 찾으리라."(마 16:25)

> "예수께서 가라사대 나는 부활이요 생명이니 나를 믿는 자는 죽어도 살겠고 무릇 살아서 나를 믿는 자는 영원히 죽지 아니하리니 이것을 네가 믿느냐."(요 11:25-26)

이 땅에 인간의 몸으로 오신 예수 그리스도를 통하여 우리가 당연하듯 받아들이고 맞이했던 죽음에 대한 패러다임에 변화가 일어나기 시작하였습니다.

그 누구라도 도저히 거역할수도 바꿀 수도 없는 인생에 대한 고

정관념을 과감하게 바꾸어 주셨습니다. 이것이 우리들을 향한 복음의 진수입니다.

복음(福音)은 우리의 인생에 대한 패러다임을 유일하게 바꾸어 주는 유일한 희망입니다.

사람들은 변함없이 말을 합니다. 죽으면 끝이라고 말합니다!

아닙니다. 예수님은 우리에게 새로운 인생의 패러다임을 깨닫게 하시려고 지금도 세상을 향하여 주시는 문구가 있습니다. "죽음은 생명입니다!"

여전히 침대가 단지 가구라고 생각하는 사람들이 많습니다.

여전히 라면을 단지 간식대용으로 생각하는 사람들도 많습니다.

침대를 과학이라고 생각하는 사람들은 침대를 통해 자신의 건강과 생활리듬과 정서와 활동에 엄청난 영향을 미치는 것을 알기에 신중하게 면밀히 살펴보고 자신에 맞는 침대를 구입하게 됩니다.

라면을 훌륭한 요리라고 생각하는 사람은 다양한 조리법을 개발하고 연구하여 극대화된 라면요리를 먹게 되고 라면 요리를 통해 더욱 풍부한 맛과 만족과 행복을 누리게 됩니다.

"죽음은 생명입니다!"라는 예수님의 말씀을 자신의 것으로 인정하고 받아들이는 사람은 인생의 방향성이 바뀌게 됩니다.

죽음을 향하여 나아가는 삶이 아니라 죽음을 통해서 시작되는 영원한 생명을 향하여 나아가는 설레임과 감동과 소망을 품게 됩니다.

지금이 가장 좋은 시간입니다!

호주에서는 자동차 관련 벌금이 상당히 엄격한 나라입니다.

주차 위반만 해도 벌금이 5만원이 넘습니다. 스피드 위반시 최소한 30만원이 넘습니다.

신호 위반이나 핸드폰 사용 위반이 걸리면 50만원이 넘기도 합니다.

그럼에도 불구하고 이곳에 사는 많은 사람들은 스피드 위반이나 각종 교통 법규 위반으로 벌금을 많이 지불하는 편입니다.

종종 스피드 위반이나 신호 위반이나 각종 교통 법규 위반으로 벌금을 내는 한국 교회 성도분들 가운데 저에게 이런 이야기를 하곤 합니다.

'아! 이 돈으로 일본교회에 헌금을 했으면 더 좋았을 텐데…'

'선교사님에게 맛있는 것도 사 드리고 선교 헌금을 했으면 더 좋았을 텐데…'

이상하게도 이러한 이야기를 들을 때마다 웃으면서 감사하다고 반응을 하지만 마음 속으로 다가오는 찐한 아쉬움을 숨기지는 못하게 됩니다.

생각해보면 신앙생활 가운데에도 많은 부분에서 이러한 모습을 종종 발견하게 됩니다.

'아직 믿음이 부족해서…'라는 명목으로 우리에게 주어진 "지금"이라는 가장 귀한 하나님의 시간과 환경과 만남이 안타깝게도 사라져 버리는 것을 적지 않게 보게 됩니다.

한 사람을 소개하고 싶습니다.

이분은 세계 최초로 백화점을 열고 엄청난 부와 명예와 성공을 누렸던 분이시기도 합니다.

세계 각국에 YMCA건물을 지어 주셨던 분이기도 합니다.

신앙적으로는 19세부터 85세까지 평생 주일학교 교사로 섬기며 믿음의 열정을 불태웠던 성실한 믿음을 누리셨던 분이시기도 하셨습니다.

그분은 바로 크리스쳔 이였던 미국의 존 워너메이커(1838-1922)입니다.

존 워너메이커는 가난한 집안에서 태어나 제대로 교육도 받지 못하고 초등학교조차 졸업을 하지 못하신 분이시기도 하였습니다.

그럼에도 불구하고 미국에서 체신부 장관을 역임하시기도 하였습니다.

예수 그리스도를 믿었던 존 워너메이커의 생애를 통하여 보여주었던 수없이 많은 믿음의 발걸음과 업적이 있지만 특별히 함께 누리고 싶은 한가지의 도전을 소개하고 싶습니다.

존 워너메이커가 가장 가난했던 10살 때에 다니던 교회 입구가 정비되지 못하여 특히 비가 내린 뒤에는 진흙탕이 되어 많은 사람들이 불편함을 느끼는 것을 보면서 안타까워했다고 합니다.

가난하고 아무것도 할 수 없을 것 같은 벽돌공 이였던 어린 소년은 기도하였습니다.

사람들이 좀 더 정비된 길을 통하여 편안하게 교회에 오게 해 달라고 기도하기 시작하였습니다.

더하여 지금 자신이 구체적으로 할 수 있는 역할이 있는지 알게 해 달라고 기도하게 되었습니다.

기도하는 가운데 가난하고 아무것도 가진 것이 없는 어린 소년 존 워너메이커는 믿음의 지혜를 통해 응답을 받고 자신이 일하는 벽돌공장에서 매일 벽돌 한 장씩을 교회 입구에 나열하기 시작하였습니다.

이것이 소년 워너메이커가 할 수 있는 최선의 최고의 헌신이며 지금이라는 환경가운데 주시는 하나님의 은혜라고 믿었기 때문 이었습니다.

소년 워너메이커의 이러한 행동을 알게 된 목사님은 즉시 교인들에게 이러한 행동을 알게 되었고 감동과 도전과 은혜를 받은 교인들의 헌신과 열정으로 교회 입구를 정비한 것 뿐만 아니라 새로운 예배당까지도 아름답게 건축하게 되었다고 합니다.

벽돌 한 장의 기적! 이라는 표현으로 사람들은 말하기도 합니다.

존 워너메이커의 신앙 인생을 통하여 그가 이루었던 엄청난 성공의 시작은 늘 지금이라는 시간을 통해 하나님께 헌신하며 나아갔다는 것입니다.

지금이라는 시간을 통해 자신에게 주어진 믿음의 역할에 충실하였다는 것입니다.

10살이였던 존 워너메이커는 이렇게 기도하지 않았습니다.

'하나님 아시죠! 저는 가난해서 지금은 아무것도 할 수 없습니다. 누군가 다른 사람이 할 수 있게 해 주세요. 아니면 제가 나중에 부자가 되면 교회 입구도 정비하고 교회당도 멋지게 지을 수 있도록 하겠습니다!'

오히려 적극적으로 기도했습니다.

하나님 지금 제가 할 수 있는 일을 알게 해 주십시요! 그 일을 지금 하고 싶습니다!

벽돌공 이였던 소년 존 워너메이커의 헌신의 기도가 지금을 사는 우리의 기도가 되기를 소망합니다.

벽돌공 이였던 소년 존 워너메이커의 결심과 행동이 지금을 사는 우리의 결심과 행동으로 이어지기를 응원합니다.

벽돌공 이였던 소년 존 워너메이커가 품었던 하나님의 마음이 지금을 사는 우리들의 믿음 가운데에도 동일하게 살아나기를 기대합니다.

세상은 늘 우리에게 말합니다.

또한 우리 자신이 스스로를 정당화하며 합리화하며 격려하듯 말을 건넵니다.

사탄은 우리들의 믿음을 향하여 격려하듯 말합니다.

너는 아직은 부족하잖아! 그거 한다고 뭐가 변하겠어!

별 수 없잖아! 다들 안 하는데 뭐하러 해! 네가 한다고 별수 있겠어! 다음에 하면 되지!

너나 잘해! 니 주제에...

그럼에도 불구하고 안타깝게도 많은 크리스챤들이 동일하게 생각하며 행동하며 동의하는 마음이 있습니다.

난 믿음이 없어서 지금은 못해! 내가 지금 뭘 할 수 있겠어!

지금은 어쩔 수가 없어! 다들 그렇게 신앙생활 하는데 굳이!

지금 이 시대는 변했어! 옛날과 같지 않아! 지금은 안돼!

지금은 시간도 여유도 능력도 없어! 지금은 내가 나설 때가 아니야!

지금은 내가 연약해서 부족해서 준비되지 못해서 안돼!

내 믿음으로는 불가능해! 난 자격이 없어!

아닙니다. 절대로 그렇지 않습니다. 가장 위대한 신앙은 지금이라는 시간을 사는 것입니다.

지금이라는 시간을 통해 자신에게 주어진 있는 그대로의 믿음을 발휘하며 살아내는 것입니다.

작고 부족하고 연약하고 나약할지라도 그 믿음으로 지금 나아가는 것이 최고의 믿음입니다.

하나님 앞에 지금 나아가는 것입니다. 하나님 앞에 지금 고백하는 것입니다.

하나님 앞에 지금 행동하는 것입니다. 하나님 앞에 지금 맡겨보는 것입니다.

가장 위대한 헌신은 다른 것이 아닙니다. '다음'이 아닌 '지금'입니다.

우리는 경계해야 할 믿음의 유혹이 있습니다.

더 준비되면! 더 갖추어지면! 더 완벽하고 성숙하고 채워지면! 더 잘 할 수 있게 되면!

속지 마시기를 바랍니다. 믿음은 우리의 그 어떠함이 아닙니다.

가장 위대한 하나님의 사람은 지금 가진 믿음으로 하나님의 일을 기대하는 사람입니다.

신뢰하는 사람입니다. 행동하는 사람입니다. 헌신하는 사람입니다.

지금, 다시 믿음으로 나아가는 사람입니다.

지금! 우리 각자의 믿음과 환경과 시간과 여건을 통하여 일하기 원하시는 하나님의 위대한 일을 기대하며 나아가시기를 소망합니다.

하나님의 부르심 앞에 떨고 있지는 않습니까?

예전 제가 학생 시절때에 외길 골목에 숨어서 기다리다가 종종 지나가는 학생들의 돈을 갈취하는 동네 건달들이 있었습니다.

으슥한 골목에서 학생들을 기다리다가 양쪽 길을 막고 돈을 갈취하였습니다.

희한한 것은 같은 동네 건달을 만나도 나의 상황에 따라 매번 동네 건달을 맞이하는 자세가 달라진다는 것입니다.

나의 주머니에 돈이 여유롭게 있을 때 만나는 것과 주머니에 돈이 전혀 없을 때 만나는 것은 하늘과 땅만큼의 차이가 있습니다.

돈이 없으면 정말 홀가분합니다. 별로 두려움도 없고 담담하기까지 합니다. 긴장도 감소됩니다.

반대로 주머니에 돈이 많으면 많을수록 초조하고 긴장되고 안절부절을 하지 못하게 됩니다.

심할 때는 한적한 동네 골목에서 모르는 사람이 부르기만 했는데도 온 몸에 식은땀이 나기까지 합니다.

그 차이가 무엇인지 다들 아실 거라 생각합니다.

우리의 신앙생활 가운데 하나님의 부르심과 사명과 헌신에 대하여 잘못 오해하고 반응하는 것이 이와 비슷하지는 않는지 돌아보게 됩니다.

교회에서 헌신이나 봉사나 선교나 헌금이나 나눔을 이야기하면 먼저 겁부터 내는 사람들이 많습니다.

마치 하나님이 우리가 가진 소중한 무엇인가를 빼앗아 가기라도 할 것처럼 긴장을 하기도 합니다.

혹시 자신이나 소중한 가족이 제대로 하나님의 손에 붙잡혀서 헌신해야 할지도 모를 상황이 되지 않으려고 바짝 정신을 차리고 신앙생활을 하기도 합니다.

다양한 방법을 통해 우리의 영혼을 향한 하나님의 부르심 앞에서 많은 사람들이 자신은 아니라고 이야기를 합니다.

자신은 자격도 없고 능력도 없고 아직 준비가 되지 않았다고 말을 하기도 합니다.

지금은 아니라고 말합니다. 자신보다 더 준비되고 헌신할 수 있는 사람을 찾으라고 고백합니다.

겸손한 고백처럼 들리지만 그 이면에는 자신이 현재 누리는 것을 포기할 수 없기 때문입니다.

자신이 생각하기에 너무도 소중한 것들을 포기해야만 한다는 두려움과 아쉬움과 안절부절 하는 마음이 있기 때문입니다.

자신이 누리고 있는 것들과 기대하고 있는 것들을 포기할 만큼 하나님의 부르심이 매력적이지 않기 때문입니다.

많은 사람들이 믿음생활을 하는 가운데 다양한 방법으로 하나님의 부르심과 믿음의 헌신에 대한 영적 부담감과 구체적인 하나님의 콜링을 마주하게 될 때가 있습니다.

거룩한 부담감이며 하나님의 은혜를 구체적으로 누릴 특별한 기회임에도 불구하고 하나님의 부르심 앞에서 우리의 모습이 마치 동네 건달을 만난 것처럼 행동하면서 신앙생활을 하고 있지는 않는지 돌아보시기를 바랍니다.

한국에서 의사나 대기업 근무나 연예인이나 유명한 사람 이였던 사람이 선교사로 헌신을 하거나 목회자로 헌신을 하면 대단하다고 합니다.

외국의 좋은 대학을 졸업하고 좋은 직장을 그만두고 구체적으로 헌신하면 대단하다고 생각을 합니다.

물론 정말 훌륭하고 멋지고 존경을 충분히 받을 만하다고 인정하며 수긍합니다.

그런데 우리가 이렇게 세상 사람들이 선망하고 꿈꾸는 사회적인 위치나 지위나 명예나 권위나 풍요를 포기한 사람들에 대하여 조금 더 호의를 가지는 이유는 무엇이라고 생각하십니까?

우리가 원하는 많은 것을 포기했다고 생각하기 때문일 것입니다.

우리가 원하는 소중한 것을 포기했다고 생각하기 때문일 것입니다.

우리가 원하는 모든 것을 포기했다고 생각하기 때문일 것입니다.

아닙니다! 절대 그렇지 않습니다.

세상에서 모두가 부러워하는 많은 것들을 포기하고 이루었던 수많은 성공들을 뒤로하고 헌신했던 사람들은 하나님 부르심 앞에 섭섭함이나 분함이나 두려움이나 걱정이나 불안이 아니라 기쁨으로 설레임으로 하나님 앞에 나아갔던 것을 우리는 놓치지 말아야 합니다.

자신이 가진 모든 것이 손에 쥔 모래 같은 것이라는 것을 알기에 가능한 반응이었습니다.

자신이 가진 모든 것이 금방 사라지는 안개 같은 것이라는 것을 알기에 가능한 반응이었습니다.

자신이 누리는 모든 것이 찰나의 영광이라는 것을 알기에 가능한 반응이었습니다.

예수님 당시에 최고의 지위와 환경과 지식과 능력을 가진 사람이 예수 그리스도를 만난 후에 고백합니다.

그는 당시 가장 유능한 사람들 가운데에도 선별된 인재들이 모였던 가말리엘 학파의 최고의 석학 이었습니다.

바리새인 중에서도 뛰어난 바리새인 이였고 히브리인 중에서도 뛰어난 히브리인 이었습니다.

또한 태어나면서부터 당시 최고의 권력을 가졌던 로마의 시민권을 가졌던 그 어느 것 하나 부족하거나 아쉬울 것이 없는 인물이기도 하였습니다.

그가 바로 사도 바울입니다. 하나님의 부르심 앞에서 사도 바울은 고백했습니다.

> "내가 가진 모든 것을 해로 여김은 내 주 그리스도 예수를 아는 지식이 가장 고상하기 때문입니다 내가 예수 그리스도를 얻기 위하여 모든 것을 잃어버려도 좋습니다 나의 모든 것들을 배설물로 여기고 있습니다 나의 모든 것을 버리고 그리스도를 얻으려 합니다."(빌 3:8)

하나님의 쓰임 받은 모든 사람들은 아무런 미련없이 홀가분하게 하나님의 부르심 앞에 나아갈 수 있었음을 발견하게 됩니다.

하나님이 우리들을 부르시는 부르심은 우리를 긴장하게 하거나 우리의 정말 가치 있고 소중하고 지키고 싶은 것을 빼앗는 것이 절대로 아닙니다.

오히려 우리의 손에 진정한 보물을 쥐어 주시려는 부르심입니다.

기다리심입니다.

찾아와 주심입니다.

하나님의 부르심은 결코 협박이나 흥정이나 겁박이 아닙니다.

혹시 신앙생활을 하시면서 하나님의 부르심 앞에서 떨고 있지는 않습니까?

하나님이 동네 건달 같은 분이라고 생각하십니까?

몰래 숨어서 우리들이 오면 불러 세우고 우리의 가진 모든 것들을 갈취하시기 위하여 우리를 부르신다고 생각하십니까?

다시 한 번 부탁을 드리고 싶습니다. 다시 한 번 말씀드리고 싶습니다.

다시 한 번 설명을 드리고 싶습니다. 다시 한 번 강조하고 싶습니다.

제발 하나님의 부르심 앞에서 떨지 않으시기를 바랍니다!

CHAPTER 4

겨울 :
기회주의자의 고백

겨울 - 기회주의자의 고백 〈요한복음〉

요한복음을 적은 요한은 겨울 추위 같은 인생을 통하여 그의 삭막한 마음을 녹여주고 다시 따뜻한 인생을 살아가게 하여 주신 그 간증의 역사를 담은 요한복음을 통하여 모든 인생을 향한 하나님의 자비와 긍휼과 은혜를 확인하며 소망을 가지시기를 축복을 드립니다.

요한은 갈릴리 호수에서 형 야고보와 함께 아버지를 도와 어부를 하고 있었던 사람 이었습니다.

밤새 아버지를 도와 고기를 잡다가 아침을 맞이하여 그물을 깁고 있는 야고보와 요한을 향하여 예수님께서 손을 내밀어 주셨습니다. 제자로 불러 주셨습니다.

"거기서 더 가시다가 다른 두 형제 곧 세베대의 아들 야고보와
그 형제 요한이 그 부친 세베대와 한 가지로 배에서 그물 깁는 것

을 보시고 부르시니 저희가 곧 배와 부친을 버려 두고 예수를 따르니라."(마 4:21-22)

예수님의 부르심을 받았던 요한은 예수님의 존재를 알고 있었을 것입니다.

사실 관심이 없는 것은 아니지만 먹고 살기에 바쁜 일상생활 가운데 깊은 관심이나 생각을 하지는 못했을 것입니다.

이러한 요한을 향하여 예수님께서 직접 다가가셔서 그들에게 손을 내밀어 주셨습니다.

성경 전체를 보면 확인이 되는 부분입니다만 요한은 어부를 하고 있었지만 세상적인 야망도 있었습니다.

자신이 처한 조국 이스라엘의 현실이 답답하고 누군가 혁명을 일으켜 조국의 독립을 위하여 나타나기를 기대하고 있었습니다.

이러한 요한의 마음을 알기라도 하듯이 당시 가장 이슈가 되고 대중적인 인기를 한 몸에 누리고 있었던 예수님의 손길은 너무도 매력적인 것 이었습니다.

사실 처음 요한이 예수님의 제자로 부름을 받았을 때에도 그의 마음은 신앙보다는 욕망과 야망이 더욱 강렬했음을 우리는 성경을 통하여 발견하게 됩니다.

예수님의 제자가 된 이후에도 요한은 야망과 세상적인 성공에 대한 마음이 점점 불타오르고 있었습니다.

요한과 함께 그의 형제는 예수님의 12제자 가운데 예수님의 곁에서 가장 신임을 받았던 세 명(베드로, 야고보, 요한)의 자리에까지 오르게 되었습니다.

예수님께서 붙잡히시기 전 마지막으로 기도를 하였던 겟세마네 동산에서의 모습을 이렇게 성경은 소개하고 있습니다.

> "베드로와 세베대의 두 아들을 데리고 가실쌔 고민하고 슬퍼하사 이에 말씀하시되 내 마음이 심히 고민하여 죽게 되었으니 너희는 여기 머물러 나와 함께 깨어 있으라."(마 26:37-38)

그럼에도 불구하고 3년 동안 예수님의 곁에서 직접적으로 예수님의 생활과 말씀과 이적과 기적과 치유를 듣고 보고 경험을 하였음에도 불구하고 요한의 관심은 늘 다른 곳에 있었습니다.

요한은 예수님을 이용하여 세상적인 권력과 권위와 성공만을 꿈꾸고 있었던 인물이었습니다.

좀 더 구체적으로 이야기를 한다면 조국 이스라엘이 로마의 지배 하에서 독립하고 해방을 하는 선두에서 업적을 인정받아 최종적으로 이스라엘의 지도자가 되고 싶은 야망이 있었고 그 목적을 달성하기 위하여 예수님을 이용하고 있었던 사람이기도 하였습니다.

요한은 성격이 불 같은 사람이기도 하였습니다. 자신의 마음에 들지 않거나, 자신의 시야에 없거나, 자신의 입장에서 받아들이지 못하는 사람들에 대하여는 잔인할 정도로 냉정했던 사람이기도 하였습니다.
예수님께서 요한의 별명을 번개의 아들이라고 지어 주셨습니다.

"또 세배대의 아들 야고보와 야고보의 형제 요한이니 이 둘에게는 보아너게 곧 우뢰의 아들이란 이름을 주셨다."(막 3:17)

특별히 요한의 성격과 성향을 나타내는 내용을 소개하는 내용이 있습니다.
누가복음9:49-56절에 보면 요한의 이기적인 행동 두가지가 소개되고 있습니다.
하나는 요한이 자신이 알지 못하는 가운데 누군가 예수 그리스도의 이름으로 귀신을 쫓아 내는 것을 보고서 하지 말라고 충고했다고 예수님에게 자랑하듯 고백을 합니다.
그러나 사실 이렇게 책망했던 요한의 본심은 다른 곳에 있었습니다.
자신이 알지 못하는 그 누군가가 예수님의 일에 참여한다는 것이 마음에 들지 않았기 때문입니다. 모든 사역의 중심에 자신이 있어야 하는 이기적인 성격을 숨기지 않았습니다.
이에 대하여 예수님께서 말씀하여 주십니다.

"예수께서 가라사대 금하지 말라 너희를 반대하지 않는 자는 너희를 위하는 자니라."(눅 9:50)

예수님께서 사역을 하시는 가운데 드디어 승천하실 때가 가까워 예루살렘을 향하여 올라 가실때 사마리아 지역을 들어가게 되셨습니다.

그런데 사마리아 지역의 사람들이 예수님을 받아들이지 않고 무시하는 것을 보게 됩니다.

이에 대하여 요한은 마치 자신이 정의로운 것처럼, 마치 예수님을 배려하는 것처럼, 예수님을 존경하는 것처럼, 실제로는 자신의 본심을 숨긴 채 예수님께 고백을 합니다.

"제자 야고보와 요한이 이를 보고 가로되 주여 우리가 불을 명하여 하늘로 좇아 내려 저희를 멸하라 하시기를 원하시나이까."(눅 9:54)

이에 대하여 예수님은 그들의 속 마음을 아시고 그들을 혼내셨습니다.

"예수께서 돌아보시며 꾸짖으시고 함께 다른 촌으로 가시니라."(눅 9:55)

3년이라는 시간이 흐른 뒤에 드디어 구체적으로 예수님께서 제자들을 향하여 십자가의 죽음에 대하여 말씀을 하셨습니다.

이때 가장 빠르게 반응을 했던 사람이 있었습니다. 그것은 야고보와 요한 이었습니다.

이 두 형제는 예수님의 십자가를 예수님의 마음과는 다르게 자기들의 생각과 기준으로 이해하고 있었습니다.

마치 예수님이 드디어 구체적으로 예루살렘에서 혁명을 일으키시려는 것이라고 굳게 믿고 있었습니다.

이 두 형제는 예수님의 이 이야기를 듣자마자 기다렸다는 듯이 자신들의 마음을 행동에 옮겨 예수님에게 전달하였습니다. 요한은 어머니까지 동원하여 자신들의 욕망을 숨기지 않았습니다.

> "그때에 세베대의 아들의 어미가 그 아들들을 데리고 예수께 와서 절하며 무엇을 구하니 예수께서 가라사대 무엇을 원하느뇨 가로되 이 나의 두 아들을 주의 나라에서 하나는 주의 우편에, 하나는 주의 좌편에 앉게 명하소서."(마 20:20-21)

이러한 광경을 지켜보고 있던 다른 제자들은 분노하고 있었습니다.

> "열 제자가 듣고 그 두 형제에 대하여 분히 여기더라."(마 20:24)

요한은 자신의 행동이 주변의 제자들에게 어떠한 결과를 가져오게 될지를 알면서도 자신의 목적을 위하여 수단과 방법을 가리지 않고 행동에 옮겼던 사람 이었습니다.

요한은 늘 자기 중심적이며 성공을 위하여 수단과 방법을 가리지 않는 철저한 기회주의자와 같은 삶을 살았습니다.

생각해보면 한번도 누군가를 위한 희생이나 헌신이나 사랑을 나누지 못했던 사람이기도 하였습니다.

"이러한 요한에게 예수님은 십자가에서 죽으시기 직전에 요한에게 육신의 어머니인 마리아를 평생 어머니처럼 모시라고 예수님께서 부탁을 하게 됩니다."(요 19:25-27)

"예수께서 그 모친과 사랑하시는 제자가 곁에 섰는 것을 보시고 그 모친께 말씀하시되 여자여 보소서 아들이니이다 하시고 또 그 제자에게 이르시되 보라 네 어머니라 하신대 그때부터 그 제자가 자기 집에 모시니라."(요 19:26-27)

"그럼에도 불구하고 요한은 예수님이 십자가에 죽으시는 것을 보고 다른 제자들과 함께 예루살렘을 떠나 자신의 고향 이였던 갈릴리로 돌아가 다시 어부생활을 했던 사람이기도 하였습니다."(요 21:1-4)

나중에 요한은 예루살렘으로 다시 돌아오게 되어 마리아를 섬겼던 것으로 추측이 됩니다.

요한은 정말로 냉정하고 잔인하고 기회주의자 적인 삶을 살았던 대표적인 인물이기도 하였습니다.

그러나 예수님은 다시 요한에게 다가가 주셨습니다.

철저하게 기회주의자였던 요한을 너무도 정확하게 잘 알고 계시기에 다시 찾아가 그에게 손을 내밀어 주셨습니다.

3년 전에 갈릴리 호수에서 직접 찾아가셔서 손을 내밀어 주셨던 것처럼 부활하신 이후에 다시 갈릴리 호수에 찾아가 주셔서 요한을 만나 주셨습니다. 그리고 예수님을 사랑하는 사람이 됩니다. 요한을 초대교회 사람들을 시작으로 지금까지 "사랑의 사도"라고 사람들은 이야기합니다.

요한은 초대교회 역사 가운데 가장 존경하고 배우고 닮기를 원하는 인생을 살았던 참된 목회자요 크리스챤 이었습니다. 맞습니다.

초대교회 역사 가운데 요한은 중요한 목회자로서 인정을 받고 존경을 받고 사랑을 끊임없이 베풀었던 위대한 사도였습니다.

그러나 더 엄밀히 말을 한다면 요한은 "**그럼에도 불구하고 사랑을 받았던 사도**"였다는 것을 본인 스스로 고백하고 있습니다.

예수님을 가장 가까이에서 따르며 섬겼음에도 불구하고 자신의 욕망과 성공을 향하여만 달렸던 요한을 사랑하여 주셨습니다. 다시 손을 내밀어 주셨습니다. 포기하지 않으셨습니다.

포기하지 않으시고 지치지 않으시는 그 사랑으로 말미암아 회복된 사람이 요한이기도 합니다.

이러한 은혜를 통해 요한은 요한복음을 남기게 되었습니다.

또한 요한 1,2,3서를 통해 하나님의 사랑을 고백하는 편지를 남기기도 하였습니다.

어쩌면 예수님의 제자들 가운데 가장 이기적이고 계산적이고 자기 중심적 이였던 사람이 요한 이였을 것입니다.

목적을 위해서라면 수단과 방법을 가리지 않는 냉정한 인간이기도 하였습니다.

자신의 목적을 위하여 예수님 까지도 이용하고자 했던 인물이기도 하였습니다.

상황파악이 뛰어나고 능숙했던 사람이 요한이기도 하였습니다.

이러한 요한이 예수 그리스도의 은혜와 자비와 인도하심을 통하여 진정으로 신앙을 가지게 되고 하나님의 사랑을 경험하면서 남긴 고백이 오늘의 고백이며 우리들에게 주는 도전이기도 합니다.

전해 들려오는 이야기를 들으면 사도 요한은 그의 말년에 늘 강단에서 반복하여 같은 말씀을 전했다고 합니다.

사람들은 사도 요한의 반복되는 사랑의 설교 내용을 들으면서 이렇게 부탁을 하였다고 합니다.

"목사님! 이제 예수님의 사랑에 대하여 너무 많이 들었습니다. 이제 그만 이야기하셔도 될 것 같습니다"

요한복음의 저자 요한은 그야말로 철저하게 기회주의와 같은 인생을 살았던 사람이기도 하였습니다.

예수님과 같이 있는 가운데에도 철저하게 눈에 보이는 상황에 붙잡혀 세상적인 성공에 집착하여 살았던 사람이기도 하였습니다.

이러한 요한을 예수님은 포기하지 않으셨습니다. 다시 그의 손을 잡아 주셨습니다.

그를 다시 제자의 길에 서도록 인도하여 주셨습니다.

이것이 복음서의 은혜이며 도전이기도 합니다. 우리는 잊지 말아야 할 것이 있습니다.

복음서를 남기었던 사람들이 그 자리에 서기까지 일하시고 사랑하여 주셨던 예수 그리스도의 엄청나고 놀라운 용서와 사랑과 인도하심이 있었다는 사실을 말입니다.

"하나님은 변함없이 이 시대에도 새로운 복음서를 기대하고 계십니다. 그 주인공이 바로 당신 이기를 소망하고 계십니다"

경적을 멈추면 찬양이 됩니다!

처음 자동차를 발명했던 사람이 차가 폐차가 될 때까지 한번도 사용하지 않기를 바라며 만든 한가지의 장치가 있다고 합니다.

이상하지 않습니까? 분명 모든 부품은 필요해서 만든 장치일 텐데 차가 폐차될 때까지 사용하지 않기를 바란다는 것이 말입니다.

그 장치가 무엇이라고 생각하십니까? 그것은 바로, 클락션(경적)이라고 합니다. 참고로 클락션은 운전자의 손에서 가장 가까운 곳에 있습니다.

많은 사람들이 차를 운전하면서 대부분 나쁜 감정을 표출하기 위하여 사용하는 것이 경적입니다.

운전을 하면서 '내 차에는 경적이 있습니다'라고 증명이라도 하듯이 경적을 울리는 사람들도 있습니다.

특히 화가나는 상황이나 스스로를 방어해야 할때 감정이 흥분된 상황에서 경적을 울리는 경우가 많습니다.

그런데, 말입니다. 운전을 하면서 경적을 울리지 않는다고 해서 그 누구도 그 차에 경적이 없다고 생각하는 사람은 아무도 없을 것입니다.

누군가가 새치기를 하는데 양보를 합니다. 수신호로 양보를 합니다.

누군가가 갓길에서 달리다가 갑자기 끼어 들 때에 웃으면서 속도를 줄여주고 양보를 합니다.

누군가 위험하게 급정지를 할 때에 차분하게 조용히 당황하지 않으며 속도를 줄여 줍니다.

이렇듯 새치기를 하고, 갓길에서 끼어들고, 급정거를 했던 사람의 차량을 향하여 경적을 울리지 않았다고 해서 그 사람들이 이렇게 말하지는 않을 것입니다.

"아! 저 차에는 경적이 없나 보다!"

하나님께서 인간을 창조하신 이후에 평생 영원하도록 사용하지 않기를 바라시며 인간에게 맡기신 클락션 장치가 있습니다. 그것은 바로 죄(罪)입니다.

하나님은 우리에게 죄를 다스리고 죄를 제어하고 죄를 억제할 수 있는 힘을 가진 유일한 하나님의 형상으로 만들어 주셨습니다.

그러나 인류의 선조였던 아담과 하와는 결국에 사탄의 유혹에 속아 힘차게 경적을 울려버렸습니다.

그리고 그들은 서로에게 책임을 전가하며 변명하기 시작했습니다.

오히려 더욱더 크게 경적을 울리며 서로의 정당성을 주장하기 위하여 싸우기 시작하였습니다.

그 영혼의 악순환이 우리의 몸에 흐르고 있습니다.

즉, 우리는 경적을 울리기 좋아하는 "죄의 후손"입니다.

우리는 늘 경적을 울릴 준비를 하며 운전하는 운전자와 같은 삶을 살고 있다는 사실을 부인하지 못합니다.

이러한 우리들을 위하여 대신하여 우리의 인생 운전대를 잡아 주셔서 하나님 보시기에 바르게, 의미 있게, 소중하게 우리들을 최종 목적지에 도달하게 하기 위하여 오신 분이 계십니다.

그분은 바로, "영원한 하나님 나라를 향한 평생 대리 운전사! 예수 그리스도 이십니다!"

너무 황당하지 않습니까? 그렇습니다!

도저히 말도 안되는 낮아지심으로 우리들에게 직접 다시 찾아오신 분이 예수님 이십니다.

우리 인생의 운전대를 잡아 경적을 멈추게 하시려고 이 땅에 인간의 몸으로 오신 분이 예수 그리스도이십니다.

우리는 여전히 예수님께 우리들의 인생 운전대를 맡긴다고 하면서도 종종 운전대에 있는 클락션을 울립니다.

때로는 알면서도 멈추지 못하고 때로는 견딜 수 없는 조급함과 초조함의 감정으로 인하여 인생 가운데 헤아릴 수 없을 정도로 많은 경적을 울리며 살아가고 있습니다.

모든 인간은 누구라도 빠짐없이 수없이 많은 다양한 경적을 울리며 달려가는 인생입니다.

때론 눈에 보이는 모습으로 드러나기도 합니다.

때론 교묘하게 숨겨진 마음을 통해 표현하기도 합니다.

마치 술에 취한 듯 때로는 중독이 되어버린 것 같이 경적을 멈추지 못하고 살아가는 우리들을 살리기 위하여 한 걸음에 달려오신 분이 우리의 생명 되시는 예수 그리스도이십니다.

지금도 우리를 사랑하시는 마음에, 안타까운 마음에, 간절한 마음에, 우리들을 향하여 들려주시는 주의 음성이 있습니다. "다시 한 번 인생의 운전대를 나에게 맡겨보지 않으렴!"

다시 건네 주시는 주의 음성을 듣고 손을 내미는 것이 믿음입니다. 다시 건네 주시는 주의 음성을 듣고 운전대를 맡기는 것이 헌신입니다. 다시 건네 주시는 주의 음성을 듣고 신뢰하며 누리는 것이 성숙입니다.

이것이 우리에게 주시려는 복음의 진수이며, 신비이며, 은혜입니다.

> "모든 사람이 죄를 범하였으매 하나님의 영광에 이르지 못하더니 그리스도 예수 안에 있는 구속으로 말미암아 하나님의 은혜로 값없이 의롭다 하심을 얻은 자 되었느니라."(롬 3:23-24)

믿음으로 사는 인생이란?

"마음의 경적이 바뀌어 하나님의 찬양이 되는 기적을 맛보는 인생!" 입니다.

4부…겨울…기회주의자의 고백

금수저 인생 입니까? 흙수저 인생 입니까?

여러분들은 금수저 인생입니까? 아니면 흙수저 인생이라고 생각을 하십니까?

저에 대하여 먼저 소개를 한다면 저는 엄청난 금수저 인생이라고 자부할 수 있을 것 같습니다.

저의 어머니는 전북 진안군 진안읍 가림리라는 시골 동네에서 저를 낳으셨습니다.

얼마나 외진 시골이냐 하면 21세기를 사는 지금도 마을 버스가 아침 저녁으로 한번씩만 운행하는 시골 동네이기도 합니다.

저의 아버지는 가난한 농부이셨고 어머니는 제대로 병원에도 가보지도 못하고 죽어도 이상하지 않을 만큼 엄청난 출혈을 하시고 저를 낳으셨습니다.

시골에서 사시다가 결국에는 도저히 먹고 살기도 힘들고 희망이 보이지 않는 현실을 벗어나고자 부모님은 무일푼으로 무작정 시골을 떠나 가까운 도시 전주에 와서 하루 벌어 하루를 견뎌내는 육체노동을 시작하였습니다.

월세로 방을 얻어 살다가 월세조차도 낼 돈이 없어서 쫓겨나듯이 방을 옮긴 적도 있었음을 저도 어린 마음에 기억하고 있습니다.

시간이 흘러 부모님은 조그마한 가게를 하게 되었지만 우리 가족은 가게에 딸린 방에서 온 가족이 함께 생활을 해야만 했습니다.

오죽했으면 저의 유일한 소원이 문을 닫을 수 있는 나만의 방에 들어가 생활해보는 것이 꿈일 정도로 개인 공간이 없는 시간들을 보내기도 하였습니다.

그 이후로도 우리 부모님은 경제적으로 큰 변화없이 평생 장사를 하시며 육체노동을 하셨습니다.

아버지는 돌아가시는 순간까지도 일을 놓지 못하셨습니다.

어머니는 지금도 오래되고 허름한 작은 맨션에서 소박하게 살아가고 계십니다.

이쯤 되면 제가 금수저 인생으로 태어났다고 말하는 것이 이상하다고 생각하실 것입니다.

제가 금수저 인생을 살고 있다는 말이 거짓말처럼 들릴지도 모르겠습니다.

오히려 흙수저도 이런 흙수저 인생이 없을 것이라고 생각하실 수도 있습니다.

그럼에도 불구하고 저는 자신 있게 말씀드리고 싶습니다.

저는 금수저 인생으로 태어났고 지금도 금수저 인생을 누리고 있습니다.

그 근거를 제시하도록 하겠습니다. 그 근거를 증명하도록 하겠습니다.

저는 모태신앙 입니다! 저는 예수 그리스도를 나의 구주 나의 하나님으로 믿고 있습니다.

저는 지금도 변함없이 천지만물을 지으시고 통치하시고 다스리시는 하나님을 나의 아버지라고 부르며 생활하고 있습니다.

"저의 아버지는 하나님 이십니다!" 그래서 저는 금수저 인생입니다. 그래서 저는 지금도 변함없이 금수저 인생을 살고 있습니다.

저는 태어나서 줄곧 교회에 다녔습니다.

아니 태어나기 전부터 믿음을 가지신 어머니와 같이 신앙생활을 시작했습니다.

시간이 흘러 하나님의 일방적인 은혜와 금수저 집안이기에 누렸던 많은 성도들의 기도와 사랑과 헌신적인 인내와 배려와 도움을 통해 학창시절에 세례를 받고 신앙적으로 인격적으로 영적인 하나님의 자녀가 되었습니다.

그것 만으로도 감당하기 어려운 사치를 누리고 있는데 하나님의 종으로 부름 받아 목회자로 선교사로 최고의 금수저 인생을 만끽하며 생활하고 있습니다.

예수 그리스도를 믿는 어머니를 통해 태어난 제가 최고의 금수저 인생이 아니라면 그 누가 금수저 인생이겠습니까?

예수 그리스도를 나의 구주 나의 하나님으로 믿고 부족함에도 불구하고 구체적으로 하나님의 일하심에 쓰임 받는 제가 최고의 금수저 인생이 아니라면 그 누가 금수저 인생이겠습니까?

다시 한 번 고백하고 싶습니다.

예수 그리스도를 믿음으로 살아가는 우리들은 모두가 하나님의 자녀입니다.

하나님의 아들이요 딸입니다.

다시 말하면 세상 최고의 금수저 가정의 자녀가 되었다는 것을 말해주고 있는 것입니다.

그런데 말입니다.

너무도 이해하기 어려운 고백들을 우리는 교회와 믿음이 있다는 가정과 믿음을 고백하는 사람들을 통하여 듣게 되곤 합니다.

세상 사람들은 어쩔 수 없다고 할지라도 믿음생활을 하는 사람들조차도 스스로를 흙수저 인생이라고 말하는 사람들이 너무 많습니다.

예수 그리스도를 인격적으로 받아들이고 세례를 받고 신앙고백을 했음에도 불구하고 말입니다.

믿음으로 우리의 신분이 하나님의 아들이 되었음을 믿는다고 하면서도 많은 크리스챤들이 자신을 흙수저 인생이라고 치부하고 있습니다.

저는 오히려 묻고 싶습니다.

하나님 아버지 보다 얼마나 더 큰 부자의 아들로 태어나야 금수저 인생이 되는 것일까요?

하나님 아버지 보다 얼마나 더 큰 권력과 능력과 배경과 환경을 가진 가정에서 태어나야 금수저 인생이 되는 것일까요?

하나님께서 우리 모두를 금수저 인생으로 바꾸어 주시려고 이 땅에 시작하신 선택이 복음입니다.

예수 그리스도의 십자가입니다. 예수 그리스도의 부활입니다. 예수 그리스도의 사랑입니다.

우리의 부모세대가 믿음을 가지고 있다면 자신이 하나님의 아들이라는 사실 때문에 자녀들 앞에서 당당했으면 좋겠습니다. 자랑스럽게 생각을 했으면 좋겠습니다.

믿음의 전통을 지켜 내었으면 좋겠습니다. 목숨을 걸고 그 계보를 전승해 주었으면 좋겠습니다.

세상의 기준이나 판단이나 평가나 환경이 아닌 하나님의 자녀라는 자부심만으로도 행복했으면 넉넉했으면 당당했으면 좋겠습니다.

우리의 자녀세대가 믿음을 가지고 있다면 자신들의 부모님이 믿음을 통해 자신들을 키운다는 사실 때문에 만나는 모든 사람들 앞에서 당당했으면 좋겠습니다.

하늘을 찌를 것 같은 자부심과 자랑과 뿌듯함이 넘쳐났으면 좋겠습니다.

믿음의 가정의 자녀라는 사실때문에 당당하고 꿈이 넘치기를 바랍니다.

예수 그리스도를 믿는 사람들은 세상 최고의 금수저 인생이기 때문입니다.

교회가 이러한 공동체로 모여야 하는 곳입니다.

믿음의 가정이 이러한 자부심으로 살아가야 합니다.

믿는 사람들이 이러한 능력을 믿고 살아가야 합니다.

우리의 인생은 이 땅의 그 어떠한 부귀영화나 성공이나 지위나 명예나 권력이나 자리나 물질에 있지 않습니다.

우리의 인생은 이 땅에서 단지 잠시 잠깐 머물다 가는 징검다리와 같은 시간입니다.

이 땅의 화려하고 아름답고 부럽고 편리하고 힘있는 것들로 인하여 우리에게 주어진 금수저 인생의 특권이 소멸되지 않기를 소망합니다.

믿음으로 산다는 것은?
금수저 인생으로의 시작이며 영원한 금수저 인생을 누리기 위해 천국을 향하여 나아가는 여행 같은 축제기간입니다.

까마귀를 만나 보셨나요?

하나님의 명령을 따라 하나님이 인도하신 길을 걸어갔던 엘리야를 향하여 구체적으로 나아갈 길을 명하여 주시고 그 길을 순종하며 걸어갔던 선지자를 향하여 보여주신 구체적인 하나님의 동행하심이 있었습니다.

> "너는 여기서 떠나 동으로 가서 요단 앞 그릿 시냇가에 숨고 그 시냇물을 마시라 내가 까마귀들을 명하여 거기서 너를 먹이게 하리라.(왕상 17:3-4)"

하나님의 말씀에 순종하여 온전하게 믿음의 길을 걸었던 엘리야에게 구체적으로 하나님의 도우심과 함께하심과 지켜 주심을 알게 하시기 위하여 준비하여 주신 까마귀가 있었습니다.

하나님이 명령하신 길을 걸어가는 엘리야를 향하여 보내어 주신 하나님의 구체적인 인도하심 이기도 하였습니다.

아무리 생각을 해 보아도 도저히 불가능하고 믿기 어려운 역사적 사실 가운데 지금 이 시대를 엘리야와 같은 믿음으로 살아간다고 고백하는 우리가 절대로 잊지 말아야 할 중요한 내용이 있습니다.

그것은 여전히 변함없이 지금도 이 땅에서 하나님의 길을 걸어가는 사람들에게도 동일하게 하나님은 까마귀를 보내주신다는 사실입니다.

선지자 엘리야에게 보내어 주셨던 하나님의 까마귀는 여전히 지금도 변함없이 존재한다는 사실입니다.

그런데 말입니다!

이 시대를 믿음으로 살아간다고 고백하는 우리들에게 다가오는 안타까운 사실이 우리의 가슴을 아프게 하고 있다는 것입니다.

그것이 무엇이라고 생각하십니까? 혹시, 알고 계십니까?

함께 같이 깊이 나누고 픈 애절한 마음이기도 합니다.

엘리야의 시대처럼 여전히 존재하는 이 땅의 까마귀들이 이 시대의 엘리야를 찾지 못하고 있다는 사실입니다.

엘리야의 시대처럼 여전히 존재하는 이 땅의 까마귀들이 이 시대의 엘리야를 만날 수가 없다는 사실입니다.

엘리야의 시대처럼 여전히 존재하는 이 땅의 까마귀들이 이 시대의 엘리야를 발견하지 못한다는 사실입니다.

여전히 많은 교회들이 믿음으로 모이고 있습니다.

여전히 많은 사람들이 믿음으로 살아간다고 고백합니다.

여전히 많은 사람들이 믿음의 길을 걷겠다고 고백합니다.

여전히 많은 사람들이 하나님과 동행하겠다고 고백합니다.

그럼에도 불구하고 많은 교회들이 주의 임재하심을 갈급합니다.

그럼에도 불구하고 많은 성도들이 주의 도우심을 갈급합니다.

그럼에도 불구하고 하나님을 따른다고 고백하는 많은 헌신자들이 지쳐 쓰러집니다.

그렇다면 이 시대의 엘리야는 다들 어디에 있는 것일까요?

교회 에서도, 믿음의 공동체 가운데 에서도, 믿음의 리더쉽 가운데 에서도 찾을 수 없다면 하나님이 이 시대를 향하여 보내주신 까마귀는 어디로 가야 하는 것일까요?

우리는 아브라함, 이삭, 야곱의 하나님을 믿습니다.

아브라함은 하나님의 길을 걷는 가운데 엘리야에게 음식을 가져다 주었던 까마귀와 같은 은혜로 말미암아 100세의 나이에 불가능을 넘어 아들 이삭을 얻게 되는 축복을 누리게 되었습니다.

이삭은 하나님을 믿는 믿음으로 걸어갔던 광야의 여정 가운데 엘리야에게 음식을 가져 다 주었던 까마귀와 같은 은혜로 가는 곳마다 불가능을 넘어 우물을 찾아 정착하게 되는 축복을 누리게 되었습니다.

야곱은 하나님의 길을 걸어가는 가운데 엘리야에게 음식을 가져다 주었던 까마귀와 같은 은혜로 불가능을 넘어 철저하게 농락하고 속였던 형 에서로부터 진정한 용서와 화해와 환영을 받으며 약속의 땅으로 돌아오게 되는 축복을 누리게 되었습니다.

우리는 아브라함의 하나님! 이삭의 하나님! 야곱의 하나님을 믿습니다.

우리들이 아브라함과 이삭과 야곱과 같이 동일한 믿음으로 그 길을 걷고 있다고 한다면 지금이라는 시간 가운데에도 반드시 만났어야 할 하나님이 보내신 까마귀가 있습니다.

믿음으로 오늘도 하나님의 길을 걸어가고 있는 모두와 함께 나누고 싶은 마음이 있습니다.

함께 확인하고 싶은 믿음의 증거가 있습니다.

"하나님께서 구체적으로 선지자 엘리야에게 보내어 주셨던 그 까마귀를 자주 만나고 계십니까?"

"지금! 만나고 계십니까?" "지금! 곁에 머물러 있습니까?" "지금! 앙망하고 있습니까?"

혹시라도 말입니다! 정말 혹시라도 말입니다! 만약에 말입니다! 정말로 만약에 말입니다!

현재의 나의 믿음생활 가운데 하나님이 보내주신 까마귀를 만나지 못하셨다면 그 길을 멈추어 보시기를 바랍니다.

현재의 나의 믿음생활 가운데 하나님이 보내주신 까마귀를 만나지 못하셨다면 그 길을 점검해 보시기를 바랍니다.

현재 나의 믿음생활 가운데 하나님이 보내주신 까마귀를 만나지 못하셨다면 그 길이 잘못되었음을 인정하시기를 바랍니다.

우리의 매일이 하나님의 인도하심에 순종하여 걷는 길이라면 반드시 우리를 향해 날아오는 까마귀를 만나게 되기 때문입니다.

이것이 믿음으로 오늘을 사는 우리에게 주신 하나님의 변함없는 약속이기 때문입니다.

하나님의 동행하심과 인도하심과 도우심의 증명이기 때문입니다.

"여호와 그가 네 앞서 행하시며 너와 함께 하사 너를 떠나지 아니하시며 버리지 아니 할 것이니 너는 두려워 말라 놀라지 말라."(신 31:8)

"지금도 동일하게 보내주신 하나님의 까마귀는 당신의 곁에 있습니까?"

꽃씨를 심는 사람들

최근에 제 마음을 설레 이도록 했던 글이 있어 소개를 드립니다. 그 내용을 적은 저자의 이름도 무척이나 정감이 넘치는 이름 이었습니다. 저자는 자신의 이름을 내성적인 작가라고 표현하고 있습니다.

그의 책에 담긴 글 가운데 다음과 같은 내용이 있었습니다.

"말을 할 때는 누군가의 가슴에 꽃을 심는다는 마음으로"

이 문구를 보는 순간 기다렸다는 듯이 제 마음속에 가장 먼저 떠오르는 한 분이 계셨습니다.

"예수 그리스도!"

정말 그런 것 같습니다. 예수님은 우리들의 곁에 다가오셔서 우리 한 사람 한 사람의 마음(영혼)에 세상에서 가장 아름다운 꽃(영원한 생명)을 피우게 하시려고 다가오셔서 마음의 문을 두드리시고 씨앗(복음)을 우리 마음에 뿌려 주셨습니다.

간음한 현장에서 잡힌 수치스럽고 절망적인 여인을 향하여 그의 영혼의 마음 밭에 다시 한 번 영원한 생명의 씨앗을 뿌리셨습니다.

"예수께서 가라사대 나도 너를 정죄하지 아니하노니 가서 다시는 죄를 범치 말라."(요 8:11)

인생 가운데 가장 외롭고 고독하고 쓸쓸한 세리였던 삭개오의 마음 밭에 영원한 생명의 씨앗을 뿌리셨습니다.

"예수께서 이르시되 오늘 구원이 이 집에 이르렀으니 이 사람도 아브라함의 자손임이로다."(눅 19:9)

가장 더럽고 추하고 비참하고 실패한 한 사람을 향하여 십자가 위에서 그 사람의 마음 밭에 영원한 생명의 씨앗을 뿌리셨습니다.

"예수께서 이르시되 내가 진실로 네게 이르노니 오늘 네가 나와 함께 낙원에 있으리라."(눅 23:43)

우리는 모두가 간음한 현장에서 붙잡힌 여인과 같은 모습으로 살아가기도 합니다.
우리는 모두가 눈에 보이지 않는 공허와 절망과 좌절을 안고 사는 삭개오와 같은 모습으로 살아가기도 합니다.

우리는 모두가 완전한 절망과 포기와 실패를 경험한 십자가 위의 죄인과 같은 모습으로 살아가기도 합니다.

예수 그리스도를 믿는 우리 모두는 간음한 현장에서 잡힌 여인처럼, 자기만의 고독과 두려움과 좌절로 숨어있던 삭개오처럼, 세상 모든 상황 가운데 완전한 절망으로 무너졌던 십자가 위의 죄인처럼 살아갈 때가 많습니다.

이러한 우리들을 향하여도 동일하게 다가와 건네어 주셨던 예수님의 따뜻한 말 한마디가 있습니다.

크리스챤은 예수님의 따뜻한 말 한마디를 경험한 사람들이기 때문입니다.

우리의 가슴에도 하나님이 주신 꽃 한송이를 피우게 하시려고 직접 이 땅에 인간의 몸으로 오시고 토양이 되어 주시고 영양분이 되어 주시고 꽃을 피우게 하시려고 십자가에 달려 죽으시고 부활하셨습니다.

우리의 인생이 그냥 왔다가 사라지는 잡초 같은 인생이 아닌 세상에서 가장 아름다운 꽃이 되는 인생으로 변화되게 하여 주셨습니다.

이것이 우리들을 향한 하나님의 마음입니다. 이것이 우리들을 향한 하나님의 꽃씨입니다.

이것이 우리들을 향한 하나님의 영원한 동산입니다.

이것이 우리들을 행한 하나님의 영원한 나라 천국입니다.

김춘수 시인의 꽃이라는 시의 내용 가운데 우리가 너무도 잘 알고 있는 글이 있습니다.

"내가 그의 이름을 불러 주기 전에는 그는 다만 하나의 몸짓에 지나지 않았다. 내가 그의 이름을 불러 주었을 때 그는 나에게로 와서 꽃이 되었다"

하나님께서도 동일하게 우리의 영혼을 향하여 말씀하여 주셨습니다.

"너희가 전에는 어두움이더니 이제는 주 안에서 빛이라 빛의 자녀들처럼 행하라."(엡 5:8)

우리는 예수님의 말씀의 씨앗이 뿌려져 하나님 나라의 지지 않는 영원한 꽃이 된 사람들입니다.
하나님이 보시기에 세상에서 가장 아름다운 꽃이 되었습니다.
그리고 우리에게 누리게 하신 향기가 있습니다.
이 땅을 사는 동안 우리 에게도 동일하게 주신 축복이 있습니다.
사명이 있습니다. 역할이 있습니다. 선물이 있습니다.
우리 안에 피게 하신 영원히 지지 않는 아름다운 꽃을 통해 다른 누군가에게 영원한 생명의 꽃씨를 나누어 주는 아름다운 인생입니다.
먼저 우리가 꽃향기를 나타내는 하나님의 마음을 담은 말을 하며 살아가기를 소망하고 계십니다.

먼저 우리가 누군가의 마음에 꽃을 피우게 하는 사람이 되기를 소망하고 계십니다.

먼저 우리가 꽃동산을 꿈꾸며 가꾸며 누리는 가족, 교회, 공동체가 되기를 소망하고 계십니다.

나의 말의 향기를 통해 뿌려진 씨앗을 통해 우리의 주변이 꽃밭이 되고 화단이 되고 정원이 되고 공원이 되고 동산이 되고 나라가 되어 함께 영원히 행복하기를 소망하고 계십니다.

믿음으로 산다는 것은, 예수 그리스도의 말씀을 나누며 하나님과 우리 모두가 함께 누려야 할 영원한 하나님 나라의 꽃동산을 꿈꾸며 꽃씨를 심는 사람들이기 때문입니다.

나는 무엇으로 살아가는가?

"나뭇가지에 앉은 새는 나뭇가지가 부러질 까봐 두려워하지 않는다고 합니다. 왜냐하면 새의 믿음은 나뭇가지가 아니라 새의 날개에 있기 때문이라고 합니다."

하나님의 부르심을 받았던 믿음의 조상 아브라함도 처음에는 늘 나뭇가지가 부러지는 것을 두려워하는 새처럼 살았던 신앙 인생이기도 하였습니다.

시간이 흘러 불가능을 넘어 100세의 나이에 아들 이삭을 얻은 아브라함은 드디어 나뭇가지가 아닌 자신에게 주신 하나님의 날개를 집중하게 되는 신앙 인생으로 바뀌게 되었습니다.

눈에 넣어도 아프지 않을 것 같았던 16세 정도의 아들 이삭을 산 제사로 바치라는 하나님의 말씀을 들었음에도 불구하고 아브라함은 눈에 보이는 금방이라도 부러질 것 같은 현실이 아닌 현실을 넘어 날아오르게 하시는 하나님의 날개에 더욱 집중하며 나아가게 되었습니다.

아들 이삭을 등에 태우고 하나님이 지정하신 산을 향하여 날아올라 갔습니다.

날아서 올라간 그 곳에서 나누어지는 둘만의 환상적인 대화가 우리에게 신선한 도전을 던져줍니다.

아들 이삭이 묻습니다. "번제로 드릴 어린양은 어디 있습니까?"

아버지 아브라함은 대답합니다. "하나님이 자기를 위하여 친히 준비하시리라!"

현실적으로는 인생 그 어느 순간 보다도 슬프고 두렵고 처참하게 부러진 나뭇가지 같은 상황에서 나뭇가지를 박차고 날아올라 아브라함은 그곳에서 진정한 하나님의 영광을 보게 됩니다.

진정한 하나님의 약속을 확인하게 됩니다. 진정한 하나님의 일하심을 경험하게 됩니다.

> "내가 네게 큰 복을 주고 네 씨로 크게 번성하여 하늘의 별과 같고 바닷가의 모래와 같게 하리니 네 씨가 그 대적의 문을 얻으리라 또 네 씨로 말미암아 천하 만민이 복을 얻으리니 이는 내가 나의 말을 준행하였음이니라."(창 22:17-18)

믿음을 통해 확인된 하나님의 날개를 펼쳐 날아올라간 믿음의 선조 아브라함이 만나고 경험하고 누렸던 믿음의 결과입니다. 믿음의 선물입니다.

다윗은 16세 정도의 어린 나이에 자신의 조국 이스라엘이 이방 국가였던 블레셋이라는 적국에 의하여 금방이라도 부러질 것 같은 나뭇가지에 올라 앉은 운명을 맞이하게 되었습니다.

흐느적거리며 금방이라도 부러질 것 같은 나라의 운명이 더욱 더 구체적으로 긴박하게 초조하게 두려움으로 몰려오고 있었습니다.

이에 더하여 블레셋은 더욱 신이 나서 속이 텅 빈 썩어버린 나뭇가지 같은 이스라엘의 마음을 조롱하며 흔들며 비웃으며 즐거워하고 있었습니다.

그들은 즐기기라도 하듯 더욱 거세게 썩어버린 나뭇가지 같은 이스라엘을 흔들며 떨어지기 만을 기다리고 있었습니다.

어린 소년 이였던 다윗은 금방이라도 부러질 것 같은 나뭇가지에 머물러 있지 않았습니다.

믿음을 통해 하나님의 날개를 누리며 살았던 어린 다윗은 현실적으로 가장 두렵고 불안한 상황 가운데 더욱 힘차게 두 날개를 펼쳐 날아올라 적국 블레셋의 대장 골리앗을 한방에 쓰러뜨리는 장엄한 광경을 이스라엘과 적군 블레셋을 향하여 보여주었습니다.

"블레셋 사람이 일어나 다윗에게로 마주 가까이 올 때에 다윗이 블레셋 사람에게로 그 군대를 향하여 빨리 달리며(날아올라) 손을 주머니에 넣어 돌을 취하여 물매로 던져 블레셋 사람의 이마를 치매 돌이 그 이마에 박히니 땅에 엎드러지느니라."(삼상 17:48-49)

어쩌면 다윗의 인생 가운데 가장 절대절명의 순간 가운데 하나님의 날개를 펼쳐 날아오름을 통해 다시 한 번 진정한 하나님의 영광을 마주하게 되었습니다.

하나님의 날개를 펼쳐 날아 올라감을 통하여 믿음의 후계자 다윗이 만나고 경험하고 누렸던 믿음의 결과이기도 하였습니다. 믿음의 선물이기도 하였습니다. 믿음의 만남이기도 하였습니다.

안타깝게도 지금을 살아가는 우리의 현실은 점점 더 썩어져 말라버린 나뭇가지에 매달려 살아가고 있는 듯한 환경과 시간들이 길어지고 있습니다. 이어지고 있습니다.

세상 사람들은 점점 더 절망합니다. 세상 사람들은 점점 더 두려워합니다. 세상 사람들은 점점 더 희망을 가지려 하지 않습니다.

충분히 이해가 되는 마음입니다. 충분히 납득이 되는 마음입니다. 충분히 공감이 되는 마음입니다.

그런데 말입니다!

이러한 마음들이 교회 공동체 안에서도 동일하게 공유되고 공감되고 인정받고 있다는 사실입니다.

교회가 세상과 다름없이 절망하고 있습니다.

교회가 세상과 다름없이 적극적으로 두려워합니다.

교회가 세상과 다름없이 버텨야 한다고 말합니다.

교회가 세상과 다름없이 자포자기를 하듯 살아갑니다.

그럴까요! 정말 그럴까요!

우리도 세상 사람들과 동일하게 생각하고 판단하고 받아들여야 하는 것일까요?

아닙니다. 절대로 아닙니다!

왜냐하면 우리에게는 하나님이 주신 날개가 있기 때문입니다.

우리는 날아오를 수 있는 믿음의 날개가 있는 사람들입니다.

우리는 날아오를 수 있는 소망의 날개가 있는 사람들입니다.

우리는 날아오를 수 있는 능력의 날개가 있는 사람들입니다.

우리에게는 예수 그리스도의 십자가의 보혈로 우리 안에 품게 하신 하나님의 날개가 있기 때문입니다.

믿음으로 살아가는 우리들에게 주신 하나님의 날개는 하나님의 약속의 산물이며 증거이며 증명이기도 하기 때문입니다.

> "오직 여호와를 앙망하는 자는 새 힘을 얻으리니 독수리의 날개 치며 올라감 같을 것이요 달음박질하여도 곤비치 아니하겠고 걸어가도 피곤치 아니하리로다."(사 40:31)

절대로 잊지 않으시기를 바랍니다. 절대로 놓치지 않으시기를 바랍니다. 절대로 타협하지 않으시기를 바랍니다.

신앙은 하나님의 날개를 의지하여 살아가는 것입니다.

신앙은 하나님의 날개를 사용하여 날아가는 것입니다.

신앙은 하나님의 날개를 통하여만 날아가는 것입니다.

우리는 하나님의 날개로 살아가는 사람들입니다!

우리는 하나님이 주신 날개가 있는 사람들입니다!

썩어 문드러져 금방이라도 부러질 것 같은 세상이기에 더욱 우리는 아브라함이 누렸던 경험을 누려야 할 믿음의 후손들입니다. 다윗이 누렸던 경험을 누려야 할 믿음의 계승자입니다.

우리는 이 땅을 걸어가는 인생이 아닙니다.

우리는 이 땅을 뛰어가는 인생도 아닙니다.

우리는 이 땅을 부여잡는 인생은 더 더욱 아닙니다.

우리는 하나님의 날개로 이 땅을 누비며 살아가야 하는 사람들입니다.

우리는 하나님의 날개로 이 땅을 넘어 영원한 하나님의 나라를 향해 날아가는 인생을 살아야 할 사람들입니다.

다시 한 번 진지하게 자신과 마주보며 믿음 질문을 나누어 보기를 소망합니다.

"나는 무엇으로 살아가는가?"

나는 크리스챤입니다!

홀로코스트(Holocaust, 1933~1945)는 우리 에게도 잘 알려진 세계 역사 가운데에도 유례를 찾아보기 힘들 정도로 가슴 아픈 사건이기도 합니다.

나치 독일 정권이 동맹국들과 협력자들과 함께 600만 유럽계 유대인들을 제도적으로 탄압하고 조직적으로 학살한 사건이기도 합니다.

개인적으로도 많은 영화와 다큐멘타리를 통하여 그 당시의 참상을 보면서 가슴이 미어지는 고통을 느꼈던 것을 기억하고 있습니다.

당시 수용소에 잡힌 유대인들은 그야말로 개나 돼지보다 못한 짐승 취급을 받으며 생활하고 있었습니다.

차라리 죽는 것이 나을 정도로 잔인한 인격모독과 비참 하리만큼 열악한 환경 가운데 오로지 죽음을 기다리는 소망 없는 생활을 이어가고 있었습니다.

가슴 미어지는 많은 상황 가운데 저에게 신앙적으로 강한 도전을 주었던 한 수용소의 내용이 있었습니다.

그 수용소에 잡혀 있던 사람들은 기본적인 생활 용품 마저도 제공을 받지 못하였습니다.

이러한 가운데 남자 유대인들은 매일마다 수용소 바닥에서 고운 모래를 손에 묻혀서 이빨을 닦았다고 합니다.

또한 매일마다 길 바닥에서 주운 날카로운 유리 조각 등을 주워서 피를 흘리면서도 면도를 하였다고 합니다.

이러한 행동을 통해서 그들은 스스로가 인격을 가진 인간이라는 사실을 스스로 확인하며 증명하였다고 합니다.

환경적으로는 그 누구도 자신을 하나의 인격체로 인정하지 않고 오히려 점점 희망이 보이지 않는 가운데 살아가고 있지만 스스로에 대한 인간으로 서의 존엄성과 자부심을 포기하지 않았습니다.

그 당시의 상황을 알고 있던 살아남은 사람들의 증언을 들으며 닭살 돋는 존경심과 경의를 표하게 되었습니다.

자연스럽게 "나라면 어떻게 하였을까?"라는 질문을 스스로에게 던져보게 되기도 하였습니다.

세상은 점점 더 비관적으로 비판적으로 냉소적으로 교회를 바라보고 있습니다.

크리스찬에 대한 비아냥 섞인 반응이 넘쳐나는 세상을 살아가고 있습니다.

크리스챤으로 세상을 살아간다는 것이 너무도 어렵고 힘들고 버거운 환경에 노출되어 있습니다.

세상의 기준이나 평가나 규칙을 따르며 적당히 적절하게 융통성 있게 신앙생활을 하면서 살아가는 것이 지혜롭게 보이기도 하는 시대상황을 우리는 항상 맞이하고 있습니다.

교회안에서 조차도 신앙과 현실 가운데 적당히 타협하며 살아가는 것을 은연중에 강조하며 부추기는 상황을 마주보게 되기도 합니다.

이러한 세상 가운데 더욱 더 예수 그리스도를 믿음으로 살아가는 모두와 함께 나누고 싶은 마음이 있습니다.

믿음생활 가운데 우리 각자가 누려야 할 신앙의 자부심을 함께 확인하고 싶습니다.

묻고 싶은 고백이 있습니다!

신앙생활 가운데 크리스챤으로서 절대로 타협하거나 포기할 수 없는 소중한 마음이나 행동을 지키며 살아가고 있습니까?

가정안에서 크리스챤으로서 절대로 타협하거나 포기할 수 없는 소중한 마음이나 행동을 지키며 살아가고 있습니까?

사회생활 가운데 크리스챤으로서 절대로 타협하거나 포기할 수 없는 소중한 마음이나 행동을 지키며 살아가고 있습니까?

크리스챤으로서 절대로 절대로 양보할 수 없는 믿음의 고집을 누리며 살아가고 계십니까?

우리의 신앙생활 가운데 드려지는 모든 예배와 모임과 묵상과 기도와 찬양 가운데 절대로 양보할 수 없는 영적 고집과 열정과 자부심이 있어야 합니다. 우리는 크리스챤이기 때문입니다!

우리에게 주어진 가정과 사회생활 가운데 항상 감사와 행복과 만족과 소망이 있어야 합니다. 우리는 크리스챤이기 때문입니다!

세상이 하루 앞을 알 수 없을 정도로 변할지라도 예수 그리스도를 믿는 우리가 절대로 양보하거나 빼앗기거나 타협해서는 안되는 우리의 영적 자부심과 고집이 있어야 합니다. 우리는 크리스챤이기 때문입니다!

혹여 교회 안에서 조차도 그 어느 누구도 인정하지 않고 받아들여 주지 않고 비아냥거리고 무시할지라도 양보할 수 없는 우리의 영적 자부심이 있어야 합니다. 우리는 크리스챤이기 때문입니다!

매일처럼 죽음의 그림자가 드리우고 기본적인 인간 취급도 받지 못하고 철저하게 인격 모독을 받으면서도 이빨을 닦고 면도를 했던 그들의 정신이 이 시대를 사는 우리의 신앙정신으로 이어지기를 소망합니다.

"나는 크리스챤입니다!"라는 고백이 가장 소중한 고집과 자부심으로 빛이 나기를 응원합니다.

"나는 크리스챤입니다!"라는 정신이 가장 소중한 가치와 보물이 되어 빛이 나기를 응원합니다.

"나는 크리스챤입니다!"라는 방향성이 가장 소중한 기준과 목적이 되어 빛이 나기를 응원합니다.

예수 그리스도를 믿음으로 만나게 되는 각 교회마다, 각 가정마다, 각 사회 활동 영역에서 함께 영원히 확인하고 싶은 고백이 있습니다.
함께 꿈꾸며 지키고 싶은 고백이 있습니다.
함께 나누며 누리고 싶은 고백이 있습니다.
함께 소망하며 위로 받고 싶은 고백이 있습니다.

한 마디면 충분한 고백입니다. "나는 크리스챤입니다!"

나에게 있어 가장 위대했던 왕자이야기!

성경에 등장하는 사람들 가운데 하나님께 아름답게 쓰임을 받았던 가장 위대한 인물을 꼽는다면 그 가운데 빠질 수 없는 사람이 다윗이라고 생각합니다.

다윗은 목동으로 시작하여 이스라엘의 왕의 지위까지 올랐던 전대미문의 인물이기도 합니다.

특별히 당시 이스라엘에게 두려움과 공포의 대상 이였던 블레셋 군대의 거인 골리앗과 싸워 승리하는 기적 같은 업적을 남기기도 하였습니다.

양치기였던 다윗은 결국에는 이스라엘의 왕이 되어 하나님의 쓰임을 받는 위대한 인물로 우리에게 지금까지도 기억되고 있습니다.

지금까지도 선망의 대상으로 믿음의 모범으로 기억되는 다윗의 생애에서 우리가 절대로 놓쳐서는 안되는 중요한 한 사람이 있습니다.

다윗의 인생 가운데 유일무이한 강력한 신앙적인 영향을 주었던 사람이 있었던 것을 여러분들은 알고 계십니까?

역사에서 '만약에!'라는 표현은 무의미할지도 모르지만 이 사람이 없었다면 아마도 다윗왕의 등장도 불가능했을 정도로 엄청난 영향을 미칠 수 있는 인물이기도 합니다.

그는 누구라고 생각하십니까? 그런 사람이 있었나? 하고 생각 하실지도 모릅니다.

다윗이 하나님의 사람 다윗으로 서기 위하여 가장 강한 영향력을 미친 한 사람이 있었습니다.

그 사람은 이스라엘의 초대왕 이였던 사울 왕의 장남 요나단입니다.

사울 왕의 뒤를 이어 이스라엘의 두번째 왕이 될 사람이기도 했던 인물 이었습니다.

현실적으로 보면 사울왕의 다음으로 이스라엘의 왕이 되어야 할 왕자 요나단은 당시에 거인 골리앗을 죽이고 영웅이 되어버린 다윗과 가장 원수관계가 되고 서로 적대관계에서 서로를 죽이려고 혈안이 되어도 이상하지 않을 관계이기도 하였습니다.

운명의 장난 같은 상황에서 먼저 왕자 요나단이 양치기 다윗을 향해 손을 내밀어 줍니다.

이러한 상황에서 먼저 왕자 요나단이 양치기 다윗을 향해 마음을 열어 줍니다.

이러함 상황에서 먼저 왕자 요나단이 양치기 다윗을 향해 축복을 건네어 줍니다.

다윗이 자신을 대신하여 하나님이 세우실 이스라엘의 두번째 왕이 되어야 한다고 진심을 다해 고백합니다.

요나단은 50년 동안의 풍부한 인생의 경험과 전투의 경험과 누렸던 특별한 지위와 명성과 지식을 누리고 있었습니다.

양치기였던 다윗과는 30년이 넘는 나이차가 있었음에도 불구하고 철저하게 자신의 경험이나 지식이나 기준이나 위치와 생각을 넘어서 하나님이 세우신 사람 다윗을 볼 줄 아는 안목과 영성과 결단을 포기하지 않았습니다.

하나님 앞에서 철저하게 자신을 인정하게 됩니다.

하나님 앞에서 철저하게 자신을 대신하여 세우신 사람을 인정하게 됩니다.

하나님 앞에서 철저하게 자신을 대신하여 이루실 하나님의 일들을 겸손하게 받아들였습니다.

그 주인공이 바로 이스라엘의 초대 왕자 요나단 이었습니다.

저는 장담합니다. 다윗이 이 땅에서 가장 깊은 믿음의 감동과 도전과 자극과 용기를 받았던 인물이 왕자 요나단 이였을 것을 말입니다.

다윗은 왕자 요나단을 통하여 하나님을 믿는 사람의 품위와 인격과 배려와 사랑과 마음을 경험하였을 것입니다.

다윗은 전장에서 사라져간 왕자 요나단의 죽음을 누구보다도 슬퍼하였습니다.

  다윗은 통일 왕국 이스라엘의 왕이 된 후에 가장 먼저 왕자 요나단의 자녀들이 살아있는지 수소문하였습니다.

  혹시라도 누군가가 살아 있다면 왕자 요나단에게 받은 벅찬 사랑을 조금이라도 되돌려주고자 하는 간절함이 있었습니다.

  다윗의 일생동안 한 순간도 그의 마음 속에 요나단은 지워지지 않았을 것입니다.

  우리는 언제부터 인가 다윗과 같은 신앙생활을 꿈꾸곤 합니다.

  이왕에 신앙생활을 한다면 한 번 사는 인생 다윗처럼 눈에 띄는 업적을 남기고도 싶어합니다.

  세상에서 주목받고 기억되고 후대에 물려줄 업적을 남기는 신앙생활을 꿈꾸기도 합니다.

  정말 하나님이 원하시는 성공적인 신앙생활이 다윗과 같은 모습일까요?

  물론 다윗과 같은 신앙생활을 할 수 있다면 그것도 너무 멋지고 훌륭하고 아름다운 것이라고 생각하며 인정합니다.

  그럼에도 불구하고 어쩌면 하나님께서 정말 기뻐하시고 칭찬하셨던 믿음의 사람은 왕위를 포기하면서까지 자신의 가장 소중한 기득권을 포기하면서까지 당시 자신과 비교하여 너무 볼 것이 없고 형편없는 양치기였던 어린 다윗을 인정하며 돕고 위로하고 기도로 함께 하며 목숨을 다해 다윗을 보호하였던 왕자 요나단의 신앙자세라는 생각을 하게 됩니다.

하나님은 우리가 세상에서 인정하는 영웅이 되기를 원하지 않습니다.

오히려 세상에서 한 알의 죽어 드는 씨앗이 되라고 말씀하고 계십니다.

가장 위대한 신앙은 나는 죽고 하나님의 영광만이 남는 것이라고 말해줍니다.

내가 드러나지 않는 것입니다. 내가 소유하지 않는 것입니다.

내가 주장하지 않는 것입니다. 내가 주인 되지 않는 것입니다.

내가 중심이 되지 않는 것입니다. 내가 기억되지 않는 것입니다.

나는 죽고 누군가에게 나의 가진 하나님의 마음이 선한 영양분으로 스며들어가는 것입니다.

저는 개인적으로 50대에 양치기 다윗을 만났던 왕자 요나단과 같은 삶을 꿈꾸며 살아가고 있습니다.

50대를 살아가는 저에게 하나님께 순종하며 나아갔던 50대의 왕자 요나단처럼 바른 영성과 시야와 생각과 판단과 결단을 누리고 싶은 소망과 꿈이 있습니다.

왕자 요나단이 하나님을 믿음으로 누렸던 아름다운 꿈을 여러분들과 함께 누리고 싶습니다. 나누고 싶습니다. 간직하고 싶습니다.

이 시대를 향한 요나단이 되어 주시기를 바랍니다.

이 시대의 교회와 믿음의 공동체를 살리는 요나단으로 자리매김하며 나아가시기를 소망합니다.

  저에게는 지금도 변함없이 이어지는 소박하지만 아름다운 하나님을 향한 꿈이 있습니다.

  누군가에게 내 신앙의 삶이 결코 잊혀 지지 않을 위로로 기쁨으로 도전으로 흔적으로 그리움으로 남기를 바라는 꿈입니다.

  세상 그 어느 누구도 기억하지 못할지라도 내가 만난 모든 사람들에게 다윗와 요나단과 같은 마음이 공유된다면 그것이 가장 아름다운 신앙이라는 생각을 하게 됩니다.

  당신이 지금 이 시대의 왕자 요나단이 되어 주시기를 바랍니다!

  우리가 함께 왕자 요나단의 정신을 이어받아 나아가는 신앙생활이 되시기를 축복을 드립니다.

나에게는 꿈이 있습니다!

1964년 10월14일 역대 최연소 수상자로 노벨 평화상을 받았고 흑인 인권 회복을 위하여 열정적으로 활동하였던 마르틴 루터 킹 (1929-1968)목사님이 1963년 8월28일 노예해방 100주년을 맞이하여 워싱턴 DC 링컨 대통령 기념관 앞에서 행한 연설의 제목이기도 합니다.

연설 내용 가운데 우리들에게 가장 잘 알려진 내용이 있습니다.

"나에게는 꿈이 있습니다!" 《I have a Dream》

우리의 아이들이 피부색을 기준으로 사람을 평가하지 않고 인격을 기준으로 사람을 평가하는 나라에서 살게 되는 꿈입니다!"

그때도 그렇고 지금까지도 여전히 많은 곳에서 아직도 인종차별은 이어지고 있습니다.

마르틴 루터 킹 목사님의 간절한 꿈은 마치 허공에 날려 의미없이 사라져 버린 바람 같은 시대를 우리는 현재도 살아가고 있습니다.

그러나 우리는 알고 있습니다.

마르틴 루터 킹 목사님이 가졌던 꿈의 가치와 의미와 깊이와 무게를 말입니다.

절대로 타협하거나 포기하거나 물러서서는 안 되는 꿈을 향하여 나아가도록 던져주는 도전정신을 말입니다.

부족하지만 저 에게도 꿈이 있습니다.

하나님의 은혜로 구원받는 크리스챤으로 서의 꿈입니다.

자격 없는 자를 사역자로 목사로 선교사로 세우신 은혜를 통해 가지게 되었던 꿈입니다.

"나에게는 꿈이 있습니다!"

내가 만나는 모든 사람들의 아픔과 슬픔과 고통과 외로움과 고독을 감싸 안아 함께하는 꿈입니다. 함께 희로애락을 나누는 마음이 사라지지 않는 꿈입니다. 모든 사람들을 향하여 나의 일처럼 생각하고 고민하고 다가서기를 주저하지 않는 꿈입니다.

특별히 힘들고 어렵고 나약하고 부족한 사람들을 향하여 예수 그리스도의 마음으로 다가가 그들의 눈물과 아픔과 상처와 외로움과 필요를 채워주는 꿈입니다"

그들을 향하여 걸레와 행주가 되는 꿈입니다.

집안에서 가장 더럽고 추하고 불결한 곳을 치우기 위하여 사용되는 걸레와 행주처럼 사람들의 가장 아픈 곳에 다가가 감싸주고 안아

주고 닦아주고 싶은 꿈입니다.

　사용을 한 후에 그 누구도 기억하거나 소중히 여기거나 감사하지 않을지라도 만족하며 감사하며 행복하고 싶은 꿈입니다.

　마음을 나눈 후에 나중에 너무도 쉽게 버려지는 걸레와 행주처럼 될지라도 나에게 주어진 아름다운 섬김의 역할만으로도 하나님께 감사하고 싶은 꿈이 있습니다.

> "너희 중에 뉘게 밭을 갈거나 양을 치거나 하는 종이 있어 밭에서 돌아오면 저 더러 곧 와 앉아서 먹으라 할 자가 있겠느냐 도리어 저 더러 내 먹을 것을 예비하고 띠를 띠고 나의 먹고 마시는 동안에 수종 들고 너는 그후에 먹고 마시라 하지 않겠느냐 명한대로 하였다고 종에게 사례하겠느냐 이와 같이 너희도 명령을 받은 것을 다 행한 후에 이르기를 우리는 무익한 종이라 우리의 하여야 할 일을 한 것뿐이라 할찌니라."(눅 17:7-10)

　하나님 앞에서 쓰임 받는 것 만으로도 너무 행복해서 설레여서 벅찬 마음으로 "무익한 종!"이라고 고백하고 싶은 꿈입니다.

　제가 만난 예수님의 모범을 통해 품게 된 꿈입니다.

> "내가 주와 또는 선생이 되어 너희 발을 씻겼으니 너희도 서로 발을 씻기는 것이 옳으니라 내가 너희에게 행한 것같이 너희도 행하게

하려 하여 본을 보였노라."(요 13:14-15)

예수님의 꿈이 나의 꿈이 되어 그 꿈을 누리며 이어가며 살아가고 싶은 꿈입니다.

절대로 스스로 품을 수도 지킬 수도 행할 수도 없을 것 같은 예수님의 꿈을 꾸게 하신 그 벅찬 은혜를 놓치고 싶지 않은 꿈이 있습니다.

2000년 전에도 지금도 예수님의 모범을 통해 남겨 주신 예수님의 꿈은 이루어지지 않을 것 같은 세상이 이어지고 있습니다.

오히려 전혀 가능성이 없을 것 같은 현실을 마주보게 되기도 합니다.

그럼에도 불구하고 저의 꿈은 변함이 없습니다.

오히려 내게 주신 예수님의 꿈은 나를 살게 하는 유일한 힘이 되고 있습니다. 소망이 되고 있습니다.

나에게는 꿈이 있습니다! 나에게는 꿈이 있습니다! 나에게는 꿈이 있습니다!

예수 그리스도가 품으셨고, 예수 그리스도가 남기셨고, 예수 그리스도가 품게 하신 꿈입니다.

여전히 부족하고 연약하고 미완성이지만 그 꿈을 오늘도 다시 확인하며 나아가고 싶은 꿈입니다. 함께 나누고 싶은 꿈입니다!

눈을 감을 때 길이 보이는 사람!

어느 사람이 젊은 나이에 정치 세계에 입문하여 70년 이상 그 자리를 지키고 강력한 영향력을 끼치고 중요한 역할과 활약을 했다고 한다면 우리는 그 사람에 대하여 어떤 이미지를 가지게 될까요?

정치 세계만큼 무서운 집단이 없다고 말하는 사람들이 많습니다.

정치 세계는 매일 매일이 그야말로 전쟁터와 같은 치열한 장소이기도 합니다.

어제의 적이 오늘의 친구가 되고 오늘의 친구가 내일의 적이 되기도 하는 비정한 세계이기도 합니다. 권력과 권위와 성공과 쟁취와 목적을 위하여 피도 눈물도 없는 곳이기도 합니다.

가장 냉정하고 잔인하고 차가운 세계이기도 합니다.

정당이나 집단이나 개인의 목적이나 목표를 위하여는 그 어떤 행동이라도 서슴지 않고 해야만 살아남는 약육강식의 세계이기도 합니다.

　이러한 정치 세계에서 그것도 가장 중요한 위치에서 70년을 존경을 받고 인정을 받으며 지켜낸 사람이 있습니다.

　이것도 놀라운데 포로의 신분에서 시작하여 죽고 죽이는 살벌한 역사의 소용돌이 속에서 세명의 왕이 바뀌는 가운데에서도 굳건하게 자신의 위치와 역할을 지켜내며 살아남았던 인물이 있었습니다.

　대단하다고 생각하지 않으십니까? 어떤 사람일 거라고 상상하십니까?

　바늘을 찔러도 피 한 방울도 나오지 않을 것 같은 사람이라는 생각도 들지 않습니까?

　그의 이름은 우리가 너무도 잘 알고 있는 사람입니다. 그가 바로 "다니엘"입니다!

　우리가 보통 생각하는 다니엘에 대한 막연한 이미지가 있습니다.

　착하고 순박하고 정의롭고 섬세한 성격을 가졌을 것이라는 생각을 하곤 합니다.

　물론 그럴 수도 있습니다. 그러나 우리가 간과해서는 안되는 중요한 부분이 있습니다.

　다니엘은 피 비린내가 흥건하고 암투와 질투와 시기와 복수와 모함과 경쟁이 난무하는 정치세계에서 산전수전을 다 겪은 사람이라는 사실입니다.

　권력 다툼과 분열과 투쟁과 배신과 배반의 생리를 가진 정치 세계를 가장 많이 알고 경험했던 사람이라는 사실입니다.

누구보다도 시대를 보는 시야가 넓고 냉철한 사고와 판단과 경험이 풍부했던 사람이기도 하였습니다.

그 어느 누구보다도 현실 감각이 뛰어나고 시대 상황을 읽는 눈과 대처하는 능력이 월등하였던 사람이기도 하였습니다.

다니엘은 70년이라는 긴 시간동안 3명의 왕(느부갓네살, 다리오, 고레스)이 바뀌는 정치세계에서도 살아남았던 전대미문의 인물이기도 하였습니다.

놀랍지 않습니까? 닭살 돋는 충격이 아닙니까?

이러한 삶을 살 수 있었던 다니엘의 비결이 있습니다. 그 비결은 오직 한가지입니다.

"다니엘은 언제나 하나님 앞에 무릎을 꿇고 눈을 감고 나아갔다는 것입니다!"

눈을 감을 때 비로소 발견되는 길을 보았던 인생을 살았기 때문에 가능한 일 이였다는 것입니다

다니엘은 그 누구보다도 세상을 보는 눈이 뛰어난 사람 이었습니다.

다니엘은 당대에 그 누구라도 인정할 수밖에 없는 객관적이고 탁월한 경험과 지식과 능력을 지니고 있었던 사람 이었습니다. 그러나 다니엘은 중요한 순간마다 눈을 감았습니다.

좀 더 구체적으로 말을 한다면 다니엘은 매일 매일마다 눈을 감았습니다.

세상의 모든 것들이 더 잘 보이면 보일수록 더 알면 알수록 더 예측 가능하면 할수록 다시 눈을 감았습니다.
하나님의 자리에 들어갔습니다! 기도의 자리에 들어갔습니다!

"다니엘이 이 조서에 어인이 찍힌 것을 알고도 자기 집에 돌아가서는 그 방의 예루살렘을 향하여 열린 창에서 전에 행하던 대로 하루 세 번씩 무릎을 꿇고 기도하며 그 하나님께 감사하였더라."(단 6:10)

매일마다 눈을 감고 하나님의 자리에 엎드렸습니다. 눈을 감을 때 보여주시는 하나님의 길을 매일마다 확인하며 걸어갔습니다.
자신의 경험이나 지식이나 지혜나 생각이나 판단이 앞서려 할 때마다 하나님 앞에 다시 눈을 감았습니다
눈을 감을 때 보이기 시작한 길을 매일 걸어갔습니다.
이것이야 말로 다니엘이 누렸던 완전한 성공의 비결이기도 하였습니다.
70년의 전쟁 같은 정치생활에서 당당하게 성공적으로 살아낼 수 있었던 비결이기도 하였습니다.
하나님이 쓰시는 사람은 눈을 감을 때 길이 보이는 사람입니다.
하나님이 기뻐하시는 사람은 눈을 감을 때 길이 보이는 사람입니다.
하나님이 기대하시는 사람은 눈을 감을 때 길이 보이는 사람입니다.
다니엘은 평생을 정치세계에서 잔뼈가 굵은 인생을 살았습니다.

누구보다도 정치세계의 비정함과 잔인함과 냉정함과 고독함을 잘 알고 있었던 사람 이었습니다.

그러나 다니엘은 누구보다도 따뜻한 사람 이었습니다. 누구보다도 여유로운 사람 이었습니다.

누구보다도 온화하고 다정다감한 사람 이었습니다. 누구보다도 인간미가 넘쳤던 사람 이었습니다.

왜냐하면 다니엘은 매일 눈을 감고 하나님의 눈으로 세상과 사람들을 바라보고 대하며 살아갔기 때문입니다.

하나님이 기뻐하시는 믿음은 무엇일까요?

눈을 감을 때 길이 보이는 사람입니다. 눈을 감을 때 소망이 보이는 사람입니다.

눈을 감을 때 평안이 넘치는 사람입니다. 눈을 감을 때 진정한 위로를 만난 사람입니다.

눈을 감을 때 진정한 승리를 맛보는 사람입니다.

> "예수께서 가라사대 내가 곧 길이요 진리요 생명이니 나로 말미암지 않고는 아버지께로 올 자가 없느니라."(요 14:6)

이 시대를 믿음으로 살아가는 우리들을 향하여 다니엘은 부드럽지만 강력하고 확신에 찬 목소리로 우리들을 향하여 말을 건넵니다.

"하나님 앞에 눈을 감으시기를 바랍니다!"

"눈을 감을 때 보이는 길을 걸어가시기를 바랍니다!"

"눈을 감아야만 보이는 길에 진정한 만족과 성공과 평안이 있습니다!"

성공적인 인생을 살고 싶으십니까? 가치 있는 인생을 살고 싶으십니까?

인정받는 인생을 살고 싶으십니까? 기억되는 인생을 살고 싶으십니까?

후회 없는 인생을 살고 싶으십니까?

하나님 앞에 눈을 감으시기를 바랍니다. 하나님 앞에 무릎으로 나아가시기를 바랍니다.

하나님 앞에 신뢰함으로 나아가시기를 바랍니다.

예수 그리스도 안에서 믿음으로 살아간다는 것은 "눈을 감을 때 길이 보이는 사람들"이라는 의미를 담고 있습니다!

크리스챤은 하나님 앞에 눈을 감을 때 길이 보이는 사람입니다.

잊지 않으시기를 바랍니다. "우리는 크리스챤입니다!"

오늘부터 다시 눈을 감아 보시기를 바랍니다!

오늘부터 다시 눈을 감을 때 보이는 그 길을 걸어 가시기를 바랍니다.

늘 먼저 다가오는 마음 한마디!

새해가 시작되고 며칠이 되지 않아 저에게 너무나 감동적인 메일이 하나 도착했습니다.

며칠 뒤에 생일을 맞이하는 저의 친구이며 동역자이며 소중한 일본 친구 목사님으로부터 온 메일 이었습니다.

일본에서 대학 졸업 후에 신학을 하고 한국에 와서 한글을 습득한 후에 같은 신학원에서 3년 동안 같이 공부를 하며 맺어진 소중한 친구로부터 온 내용 이었습니다.

"새해 복 많이 받으세요! 잘 지내지? 나는 크리스마스와 연말을 보내고 새해를 맞이하여 변함없이 주일 설교 준비를 하고 있다. 여전히 잘 지내고 있다. 이렇게 메일을 보내는 것은 며칠 뒤에 내 생일인데 매년 우리집에 전화를 걸어 축하를 해 주었는데 올해는 우리집 전화가 고장이 나서 전화를 못 받을 것 같아서 미리 연락을 한다. 미리 고맙고 올해도 주 안에서 아름다운 사역 이어 나아가기를 응원한다."

친구의 메일을 받고 제 마음이 얼마나 설레고 흥분되고 행복했는지 모릅니다.

사실 일본에 있을 때부터 20년 넘게 특별히 생일 날에는 친구 목사에게 생일날 축하 전화를 했는데 올해도 저의 마음을 기다리며 보내준 메일 이었습니다.

믿기 어려우시겠지만 현재도 일본에서 사역하고 있는 친구 목사는 헨드폰도 인터넷이 없는 전화로만 사용되는 폴더폰을 사용합니다.

컴퓨터도 워드나 문서 작업을 위하여 집에서 가족들이 같이 사용하는 것을 종종 사용합니다.

메일이나 종종 보는 영상 이외에는 거의 인터넷을 사용하지 않습니다.

라인이나 카톡이나 페이스북의 메세지도 사용하지 않습니다.

저도 이 친구와 집 전화나 아니면 메일을 보내거나 직접 만나지 않는다면 서로 연락이 되지 않을 정도입니다.

새해를 맞이하면서 친구로부터 마음을 담아 보내준 내용을 음미하면서 많은 것들을 생각하게 되었습니다.

친구의 메일 내용을 생각하는 가운데 스며들듯 다가오는 하나님의 마음이 저를 다시 한 번 감동하게 만들었습니다.

마치 하나님께서 친구 목사를 통하여 저를 향하여 주시는 위로처럼 다가왔기 때문입니다.

지난 한 해를 돌아볼 때에도 선교사로 목회자로 사역을 하면서도 크고 작은 고민과 문제 앞에 흔들리고 당황하는 저를 볼 때가 많았습니다.

이러한 저를 향하여 늘 제 마음속에 다가와 경험하게 하셨던 하나님의 음성과 위로와 격려를 돌아보게 되었습니다.

당시에는 버겁고 힘들고 도망치고 싶었던 순간을 마주할 때 마다 늘 제 마음에 다가와 건네어 주셨던 마음과 음성이 기억납니다.

"해석아! 힘들 것 같아서 내가 먼저 너의 곁에 다가간다. 외로울 것 같아서 다가간다. 내가 함께할께! 내가 도와줄께!"

기쁘고 즐겁고 기대되는 순간이 오려 할 때에 늘 먼저 제 마음에 다가오셔서 들려주시던 음성이 기억납니다.

"해석아! 내가 더 기쁘단다. 내가 더 행복하단다. 너의 마음이 즐겁고 평안하니 내 마음도 행복하단다"

인생의 모든 희로애락 가운데 늘 먼저 다가와 함께하여 주셨던 하나님의 은혜를 경험하였던 다윗은 고백합니다.

> "여호와는 나의 목자시니 내가 부족함이 없으리로다 그가 나를 푸른 초장으로 누이시며 쉴 만한 물가로 인도하시는도다 내 영혼을 소생시키시고 자기 이름을 위하여 의의 길로 인도하시는도다."(시 23:1-3)

그리고 최종적으로 다윗은 인생의 모든 순간마다 함께하셨던 하나님의 동행하심에 감격하여 벅찬 감동을 담아 다시 고백합니다.

"나의 평생에 선하심과 인자하심이 정녕 나를 따르리니 내가 여호와의 집에 영원히 거하리로다."(시 23:6)

많은 사람들은 묻습니다. 하나님은 어디에 계시는 것일까요? 기억하시기를 바랍니다.

우리의 앞서 늘 길을 만들어 주고 계십니다.

우리의 곁에서 늘 변함없이 손을 잡아 주고 계십니다.

우리의 뒤에서 늘 든든하게 응원과 격려를 주고 계십니다.

하나님은 우리들에게 언제나 먼저 다가와 주시는 명절의 보름달 같은 분이십니다.

하나님은 우리들에게 언제나 먼저 다가와 주시는 햇살과 바람 같은 분이십니다.

하나님은 우리들에게 언제나 먼저 다가와 주시는 마음 한마디 같은 분이십니다.

당신의 손에는 무엇이 쥐어져 있습니까?

1970년대에 백인들의 인종차별이 심각하였던 남아공(남아프리카공화국)에서 한 흑인 목사님이 인종차별로 인하여 고통받고 모든 것을 빼앗긴 흑인들을 향하여 한 교회에서 다음과 같은 내용으로 설교를 하시면서 교회의 성도들에게 위로와 용기와 소망을 주었다고 합니다.

"처음 이 땅에 백인들이 들어왔을 때에 그들의 손에는 성경책이 쥐어져 있었습니다. 그리고 우리들의 손에는 땅 문서가 쥐어져 있었습니다. 그러나 지금 백인들의 손에는 성경책 대신에 우리들의 땅 문서가 쥐어져 있습니다. 그리고 우리들의 손에는 땅문서 대신에 그들이 들고 왔던 성경책이 쥐어져 있습니다. 이것이 우리들에게 주신 엄청난 하나님의 기적이며 축복임을 기억하시기를 바랍니다. 우리는 실망하거나 좌절해서는 안됩니다. 우리는 실패하거나 무너진 것이 아닙니다. 우리는 아무것도 잃어버린 것이 없습니다. 오히려 우리는 땅을 주고 비교할 수 없을 정도로 정말 가치가 있고 소중한 영원한 보물을 사서 손에 쥐게 되었기 때문입니다!"

현실적으로 보기에 남아공의 흑인들의 손에는 이제 아무것도 남은 것이 없습니다.

현실적으로 보기에 남아공의 흑인들은 이제 더이상 아무 곳도 기댈 곳이 없습니다.

현실적으로 보기에 남아공의 흑인들의 미래는 더이상 아무런 소망을 품을 수 없습니다.

그러나 여기에 놀라운 하나님의 반전이 있습니다.

우리의 현실을 넘어선 숨겨진 비밀이 있습니다.

모든 것을 잃어버린 것 같은 그들에게 쥐어진 진정한 보물이 있었습니다.

그들의 손에는 영원한 생명을 향한 지도가 쥐어져 있었습니다.

그들의 손에는 영원한 생명을 향한 소망이 쥐어져 있었습니다.

그들의 손에는 영원한 생명을 향한 확신이 쥐어져 있었습니다.

그들의 손에는 영원한 생명을 향한 자부심이 쥐어져 있었습니다.

그들의 손에는 영원한 생명을 향한 설레임이 쥐어져 있었습니다.

그렇습니다!

그들의 손에는 자신들을 위하여 이 땅에 직접 오셔서 잡아 주셨던 예수 그리스도의 온기가 쥐어져 있었습니다.

그들의 손에는 자신들의 손을 꽉 잡은 못 박히신 예수 그리스도의 십자가가 쥐어져 있었습니다.

그들의 손에는 영원한 생명을 향한 설레임이 쥐어져 있었습니다.

그렇습니다!

그들의 손에는 자신들을 위하여 이 땅에 직접 오셔서 잡아 주셨던 예수 그리스도의 온기가 쥐어져 있었습니다.

그들의 손에는 자신들의 손을 꽉 잡은 못 박히신 예수 그리스도의 십자가가 쥐어져 있었습니다.

그들의 손에는 예수 그리스도가 십자가 위에서 흘리신 땀방울과 눈물과 보혈이 쥐어져 있었습니다.

그들의 손에는 부활하시고 승천하시어 반드시 다시 오실 약속을 기다리는 확신이 쥐어져 있었습니다.

우리도 자문하고 대면하고 확인해야 할 중요한 신앙의 묵상이 있습니다.

오늘을 살아가는 우리들은 과연 무엇을 쥐고 신앙생활을 하고 있는 것일까요?

우리들은 손에 무엇을 쥐고 안심하고 있는 것일까요?

우리들은 손에 무엇을 쥐고 살아가기를 원하고 있는 것일까요?

우리들은 손에 무엇을 쥐고 만족하거나 안심하고 있는 것일까요?

우리들은 손에 무엇을 쥐고 감동하며 감사하고 있는 것일까요?

"무명한 바 같으나 유명한 자요 죽은자 같으나 보라 우리가 살고 징계를 받는 자 같으나 죽임을 당하지 아니하고 근심하는 자 같으나 항상 기뻐하고 가난한 자 같으나 많은 사람을 부요케하고 아무것도 없는 자 같으나 모든 것을 가진 자로다."(고후 6:9-10)

이것이 우리의 경험이 되기를 소망합니다. 이것이 우리의 능력이 되기를 소망합니다.

이것이 우리의 고백이 되기를 소망합니다. 이것이 우리의 자랑이 되기를 소망합니다.

동화(童話)속의 주인공입니까?

　현재 한국교회는 여러가지 형태의 다양한 문제가 얽히고 섥히어 점점 힘을 잃어가고 축소되어지고 빠르게 쇠퇴해져 가고 있는 현실을 부정하지 못합니다.
　교회 성도가 썰물처럼 감소하고 있고 특별히 젊은이들과 학생들과 주일학교 아이들이 없는 교회들이 무서울 정도로 확산되고 있습니다.
　사회적으로도 매년 저출산 문제가 증가추세로 이어지면서 점점 더 교회까지도 더하여 타격을 입고 있습니다.

　신앙적으로 다음세대를 향한 해법을 찾기가 어려운 상황이 이어지고 있다고 다들 걱정이 섞인 말들을 하곤 합니다.

정말 해법은 없는 것일까요? 이대로 포기해야 하는 것일까요? 어쩔 수 없는 상황일까요?

인구는 계속하여 감소한다고 말합니다. 점점 고령화 사회가 되어 간다고 말을 합니다.

전도하기가 정말 어려운 시대라고 말을 합니다.

시대가 각박하고 무미건조한 시대라고 말을 합니다.

개인주의 경향이 강하고 개성이 강한 시대라고 말을 합니다.

모두가 그러하지는 않겠지만 많은 교회들이 지금 상황을 유지만해도 다행이라고 만족하며 안도하기도 합니다.

맞습니다. 인정합니다.

뛰어난 현실 감각과 상황 판단과 논리적인 분석을 부인하지는 않습니다.

그럼에도 불구하고 교회의 다음세대를 생각하는 가운데 밀물처럼 제 마음에 차고 드는 날카로운 질문을 만나게 됩니다.

혹시 우리는 동화처럼 성경을 믿고 있는 것은 아닐까요?

동화처럼 성경을 믿기에 다음세대를 향한 소망이 사라지고 있는 것은 아닐까요?

성경(聖書)이 동화(童話)가 아닌 지금을 사는 우리들의 실화(實話)로 성화(聖話)로 이어지고 있지 않기 때문은 아닐까요?

양치기였던 10대 소년 다윗은 블레셋의 거인 골리앗 앞에서 하나님의 향한 믿음을 고백하였습니다.

10대의 다니엘은 자신의 국가가 망한 후에 포로로 잡혀간 나라에서 당당하게 자신이 믿는 하나님의 인도하심을 믿는 확신에 찬 고백을 하였습니다.

10대의 어린 한 소년은 자신이 가지고 있던 딱딱 해진 보리떡 5개와 소금에 절인 작은 생선 2마리를 믿음으로 예수님 앞에 들고 나왔습니다.

10대의 다윗의 믿음을 통하여 이스라엘의 역사가 바뀌고 정립되고 완성되었습니다.

10대의 다니엘의 믿음을 통하여 어느 곳에서나 살아 계셔서 역사하시고 임재 하시고 다스리시는 하나님의 통치를 경험하게 되었습니다.

10대의 어린 소년의 작은 믿음을 통하여 언덕에 모인 굶주린 만명 정도의 사람들이 배부르게 먹게 되는 하나님의 기적을 경험하게 되었습니다.

이 시대를 살아가는 교회에서 언제부터 인가 다윗과 다니엘과 어린 소년의 믿음이 동화 속 주인공이 되어 버렸습니다.

성경을 펼쳐보면 흥미롭고 감동적이고 짜릿하고 은혜롭지만 우리와는 상관이 없는 이야기가 되어버렸습니다.

신앙생활을 하는 사람들조차 말을 합니다.

"그건 성경에서나 가능한 이야기지 현실은 다르지!"

언제부터 인가 믿음의 놀라운 역사가 교회 안에서만 성경책 속에서나 가능한 이야기가 되어 버렸습니다.

우리는 지금 다윗처럼 다니엘처럼 어린 소년처럼 살아가고 있는 것일까요?

우리는 다음세대를 향하여 10대를 살았던 다윗과 다니엘과 어린 소년의 믿음을 꿈꾸라고 가르치고 있는 것일까요?

크리스챤 가정의 부모가 자녀에게, 교회 교사가 주일학교 학생들에게, 믿음의 어른들이 젊은 성도들에게, 다윗과 다니엘과 어린 소년을 동화처럼 가르치고 이해하고 살아가고 있지는 않는지 돌아보아야 할 것입니다.

오늘을 사는 우리가 다음세대를 살려내는 해법이 있습니다.

오늘을 사는 우리가 다음세대를 향하여 줄 수 있는 희망이 있습니다.

오늘을 사는 우리가 다음세대를 꿈꾸게 할 수 있는 도전이 있습니다.

너무나도 간단한 방법입니다!

성경을 동화가 아닌 지금을 사는 나의 역사로 남겨주는 것입니다.

성경을 동화가 아닌 지금을 사는 나의 역사로 살아주는 것입니다.

성경을 동화가 아닌 지금을 사는 나의 역사로 보여주는 것입니다.

성경을 동화가 아닌 지금을 사는 나의 역사로 지켜주는 것입니다.

성경을 동화가 아닌 지금을 사는 나의 이야기로 다음세대가 만나게 해주는 것입니다.

다음세대가 우리들의 믿음을 보면서 꿈꾸게 하는 것입니다.

여기에 해법이 있습니다. 여기에 해결이 있습니다.

여기에 소망이 있습니다. 여기에 희망이 있습니다.

우리들의 믿음의 고백과 삶의 자세와 행동을 통해 성경의 내용이 동화가 아닌 이어지는 믿음의 역사라는 사실을 인정하게 만드는 것입니다. 경험하게 하는 것입니다.

꿈꾸게 하는 것입니다.

우리가 다윗이 되고, 다니엘이 되고, 어린 소년이 되어 살아간다면 다음세대는 무너지지 않을 것입니다. 다음세대는 부흥할 것입니다. 다음세대는 환상과 꿈을 보게 될 것입니다.

우리가 성경을 동화가 아닌 우리들의 삶으로 살아간다면 지금이라도 늦지 않았습니다.

오히려 지금이 다시 오는 기회입니다!

오히려 지금이 새로운 시작입니다!

오히려 지금이 가장 좋은 때입니다!

신앙의 본질(本質) - 확신(確信)

제가 어린 시절에 종종 가지고 싶거나 원하는 물건이 있으면 엄마에게 울고 불고 난리를 친 적이 여러 번 있었습니다.

어려서부터 성격이 깨끗하지는 못했던 것 같습니다.

온갖 수단과 방법을 가리지 않고 떼를 쓰고 발버둥을 쳐도 마음에 먹은 대로 안 될 때에 최후의 수단으로 사용했던 방법이 있었습니다.

이 방법을 사용하면 효과를 보았던 기억이 새록새록 합니다.

그것은 엄마 앞에서 당당하게 외치는 것입니다. "나 이제부터는 밥 안 먹어!"

웃기지 않습니까? 제가 밥을 안 먹으면 가장 괴롭고 힘든 것은 나 자신인데 무슨 벼슬이라도 되는 것처럼 당당하게 엄마에게 뻐기며 으름장을 놓습니다.

이 당당함은 어디에서 나오는 것일까요?

어린 제 마음에도 확신이 있었기 때문입니다.

내가 밥도 안 먹고 죽을 것 같은 고통을 느끼면 나 보다도 더 힘들어하고 괴로워하고 고통받을 사람이 엄마라는 확신 말입니다.

지금 생각해보면 정말 우습기도 하고 유치하다는 생각을 지울 수가 없습니다.

희한한 것은 우리 아이들에게 가르쳐주지도 않았는데 어린 시절 아이들이 저를 자주 겁박 하던 저희 가정에 흐르는 전통 문구가 있습니다.

메리 크리스마스입니다. 〈Merry Christmas!〉

우리들에게 다시 한 번 확신을 주시기 위하여 약속대로 하나님이 우리의 곁에 오신 약속의 성취의 날입니다.

우리들을 향한 사랑을 더욱 구체적으로 보여주고 싶어서 안달이 나셔서 견딜 수 없으셔서 보여주신 사랑의 결정체입니다.

우리가 혹시 의심할까 봐서, 우리가 혹시 떠나갈까 봐서,

우리가 혹시 무너질까 봐서, 우리가 혹시 약해질까 봐서,

우리가 혹시 돌아설까 봐서, 우리가 혹시 지쳐버릴까 봐서,

조바심에 달려오신 그 애절한 마음이 크리스마스입니다.

생일은 생일을 맞은 사람에게 맞추어 보내는 날이기도 합니다.

생일을 맞이하는 사람이 좋아하는 음식이나 선물이나 장소를 택하여 즐거운 시간을 함께 보내곤 합니다.

크리스마스를 통하여도 예수님께서 우리들에게 가장 받고 싶으신

선물이 있습니다.

함께 나누고 싶은 마음이 있습니다.

그것이 무엇이라고 생각하십니까? 크리스마스 트리나 선물이나 캐롤송이나 파티가 아닙니다.

그것은 바로 "확신"입니다. 하나님에 대한 흔들리지 않는 "확신의 믿음"입니다.

다시 한 번 말씀드리지만 그 어떠한 화려한 장식이나 음식이나 선물이 아닙니다.

하나님의 변함없는 사랑하심에 대한 우리의 확신에 찬 마음의 고백을 가장 원하십니다.

나보다 더 나를 사랑하시고, 나보다 더 나를 기대하시고, 나보다 더 나를 알고 계시고, 나보다 더 나를 아파하시고, 나보다 더 나를 용서하시고, 나보다 더 나를 인정하시고, 나보다 더 나를 아껴 주시는 하나님의 마음을 의심없이 확신하는 것입니다.

우리를 너무 사랑하셔서 시작하신 구체적인 마음의 열매가 크리스마스이기 때문입니다.

우리를 향한 하나님의 사랑을 보다 구체적으로 보게 하시려고 시작하신 마음이 크리스마스이기 때문입니다.

그러하기에 예수님께서 특별히 크리스마스를 통하여 가장 듣고 싶은 우리들의 고백이 있습니다. 받고 싶으신 선물이 있습니다.

제가 엄마에게 "나, 이제부터 밥 안 먹어!"라고 했던 그 당당함의 확신을 원하십니다.

그 뻔뻔한 외침을 원하십니다.

"예수님! 저 죄인이예요!" "예수님! 저 실패자에요!" "예수님! 저 믿음 없어요!"

"예수님! 저 포기할래요!" "예수님 저 그만할래요!" "예수님! 저 알아서 하세요!"

이러한 말들을 기대하고 계십니다.

이러한 말들을 예수님에게 전할 만큼 확신에 찬 마음을 가지고 당당하게 뻔뻔하게 외치기를 바라고 계십니다.

이것이 크리스마스를 통해 우리에게 예수님께서 가장 받고 싶어 하시는 선물입니다.

우습기도 하고 어이가 없기도 하고 어처구니가 없지만 우리의 이러한 당당함을 뻔뻔함을 받아 주시는 분으로 우리 곁에 오신 그 분이 예수 그리스도이십니다.

크리스마스를 통해 다시 확인되는 하나님의 사랑입니다. 마음입니다.

나보다 더 나를 사랑하시고, 나보다 더 나를 아파하시고, 나보다 더 나를 걱정하시고, 나보다 더 나를 안아 주시고, 나보다 더 나를 지키시려고 그 분의 모든 인생을 걸고 지켜 주시는 분이 예수 그리스도라는 확신을 가지고 살아가는 것입니다.

믿음(信仰)은 확신(確信)입니다!

크리스마스는 예수 그리스도의 넘쳐나는 사랑에 대한 확신을 가진 이들에게 더하여 주시는 구별된 특별한 시간입니다. 신비한 선물입니다.

확신에 확신을 더하여 주시는 환상 같은 만남입니다.

모든 선물 중에 가장 크고 소중하고 의미 있는 선물입니다.

크리스마스를 맞이하면서 다시 한 번 여러분들과 함께 외치고 싶은 고백이 있습니다.

하나님 앞에서 뻔뻔하게 당당하게 함께 외쳐보고 싶은 고백입니다.

지금도 변함없이 끝도 없이 우리들을 향하여 부어 주시는 그 예수님의 사랑의 마음을 알기에 외치고 싶은 고백입니다.

"예수님! 더 사랑해 주세요!" Merry Chrismas!